# 子どもを守る仕事

佐藤 優 Sato Masaru 遠藤久江 Endo Hisae
池上和子 Ikegami Kazuko



★──ちくまプリマー新書
361

# 目次 ＊ Contents

# はじめに

佐藤 優

二〇二〇年は、新型コロナウイルスが猛威を振るい始めた年として歴史に刻まれるであろう。コロナ禍が、社会に抜本的変化をもたらすと主張する論者が多い中で、フランスの人口学者で歴史学者のエマニュエル・トッド氏は別の見方を示す。トッド氏は、〈コロナ以後（ポスト・コロナ）について、私は「何も変わらないが、物事は加速し、悪化する」という考えです〉（エマニュエル・トッド『大分断――教育がもたらす新たな階級化社会』大野舞訳、PHP新書、二〇二〇年、八ページ）と述べる。

私もトッド氏の見方を支持する。コロナ禍によってグローバリゼーションに歯止めがかかった。国境の壁がヒトやモノの流れを再び阻害するようになった。また、格差が国家間でも一国内でも広がった。国内の格差は、階級間、地域間、ジェンダー間でも広がりつつある。

このような状況で、わが国では社会的養護を必要とする子どもたちへのしわ寄せが一層強まっている。そうなってしまうのには、われわれが普段は意識していない日本社会の構造的要因がある。この点を認識するためにトッド氏の分析が役に立つ。トッド氏は、民主主義には、「フランス・アメリカ・イギリス型」「ドイツ・日本型」「ロシア型」の三つの類型があると考える。

〈まず、「フランス・アメリカ・イギリス型」の民主主義です。例えば、フランスのパリ盆地の農民、つまりフランス革命が起きた場所での家族というのは、核家族で個人主義です。そこから生まれた価値観が自由と平等でした。パリ盆地の農民家族には、大人になった子供たちが親に対して自由であるという価値観があり、兄弟間の平等主義という価値観もありました。そのような地盤があった上で、識字率が向上し、その平等と自由の価値観は普遍的な価値観になっていったのです。

次に、「ドイツ・日本型」の民主主義についてです。日本の一二世紀から一九世紀の間に発展した家族の形というのは、直系家族構造で、そこでは長男が父を継いでいきます。ここで生まれた基本的な価値観は、自由と平等ではなく、権威の原理と不平等です。両親の代がその下を監視するという意味での権威主義と、子供がみな平等に相続を受けるわけではないという点から生まれた不平等です。つまり、日本の識字率がある程度のレベルまでいった時点で明らかになった価値観が、権威の原理と不平等だったのです。だから、軍国主義のように権威主義に基づいた形がとられた時期もありました。それはドイツを思い起こさせます。ドイツもまた、イギリスやフランスの価値観を取り込むことに失敗したからです。ドイツは、その家族構造が日本と似通っているのです。

民主主義の種類について最後に付け加えたいのが、「ロシア型」の民主主義です。西洋でしばしば議論の対象になるのが、共産党に続いたロシア政権の本質です。ロシアの基礎にある価値観は、中国と同じで、権威主義と平等主義です。そこに伝統的な宗教の崩壊が起き、共産党が生まれました。現在、ロシア人たちは投票をするようになり、その中で、世論調査が認めるように、彼らは一斉にプーチンに投票をしているのです。これは新しいタイプの民主主義と言えます。権威主義と平等主義に合致したタイプの民主主義で、一体主義的な民主主義と言えるでしょう〉（前掲書七一～七二ページ）。

図式的に整理してみよう。

| | 権威の原理 | 平等の原理 |
|---|---|---|
| フランス・アメリカ・イギリス型 | × | ○ |
| ドイツ・日本型 | ○ | × |
| ロシア型 | ○ | ○ |

日本の民主主義の構造的問題は、平等の原理が弱いことだ。結婚して家庭を持っている、あるいは企業の正社員、役所の正規職員は、コロナ禍で困難な状況にあっても権威主義的なパターナリズム（強い立場の者が、弱い立場の者の利益のために、当事者の意思とかかわりなく介入や支援をすること）によって、問題が解決されることが多い。しかし、

一人親家庭、非正規職員、失業者などに対して日本社会はとても冷たい。しかもその冷たさを多くの日本人が自覚していない。

日本社会で、社会的養護を必要とする子どもたちが厳しい状況に置かれているという状況を、ある機会に私は実感することがあった。それから一〇年近くになるが、自分ができる範囲で、この問題の解決に向けた努力をしている。

本書は、子どもを守る仕事に文字通り人生のすべてを捧げた遠藤久江氏のオーラルヒストリーを、私と臨床心理士《りんしょうしんりし》であり、児童養護に詳しい池上和子氏が聞き手となってまとめるという作業から始まったが、その枠組みを若干超えて、現状分析をかなり行うことになった。

本書によってコロナ禍後の日本社会を強化するために、子どもを守る仕事の重要性について、国民の関心が強まることを期待する。

本書を上梓《じょうし》するにあたっては筑摩書房編集部の永田士郎氏、フリーランス編集者でライターの齋藤教則氏にたいへんにお世話になりました。どうもありがとうございます。

二〇二〇年九月一日　曙《あけぼの》橋（東京都新宿区）にて

佐藤　優

# 第1章　「子どもを守る仕事」って何だろう？

## 格差社会ニッポンの福祉とは

**佐藤**　遠藤先生は児童保育と福祉教育の専門家であり、池上先生は臨床心理士として児童養護の支援や研修活動を行っています。お二人とも子どもの福祉にかかわる仕事をされています。

**遠藤**　ちょっと大げさな言い方をすると、子どもの命と生活を守る仕事だと思います。

**佐藤**　「命と生活を守る」というのは重要な言葉ですね。子どもの命と生活が脅かされているのがいまの日本です。経済のグローバル化が進んで、以前のようなかたちで仕事が確保できなくなり、日本の社会全体が疲れてしまっていて、子どもたちにもその影響が及んでいます。

貧困などが原因で、いま学校や保育園でしかまともな食事がとれない子どもがいます。保育園がお休みの日には家でお菓子で食事をすませてしまう子どももいます。それだけ社会の構造的格差が広がっており、いわゆるかわいそうな子どもたちの特殊な問題という認識ではもうすまされなくなっています。

社会全体がそういうところに近づいていることを、みんなひしひしと感じていると思うのです。だからこそ、子どもの命と生活を守る仕事、すなわち児童福祉の仕事というのは非常に重要です。

そこで、遠藤先生にまずうかがいたいのは、社会福祉の仕事をどのようにとらえていらっしゃるのかということです。

**遠藤**　福祉の仕事の範囲は非常に広範囲に及びます。なぜなら、人間の生活全般におよんでいるからです。福祉の仕事とその範囲は人びとが安心して生活を送れない問題が起こったとき、また、自分の力だけでは問題解決ができないときなど、困難に陥っている人びとに関わって支援する仕事です。たとえば、高齢者が加齢ゆえに自分の力だけで生活を維持できなくなってしまったとき、さまざまな障害をもって生きづらさを感じている場合、家族が壊れて子どもの養育や生活が困難な場合、加えて家庭内で暴力や虐待行為が行われている時、児童期の成育歴の問題から成人しても社会的に自立できずに不安定な生活をせざるをえない状況にある者など、人間の生活のあらゆる場面で福祉の支援が必要になるのです。加えて人びとが安心して日常生活が送れるような地域社会になるための支援も福祉の仕事です。

医療のなかで心配なく治療を進められるように援助をすること、学校で子どもたちが友達関係や家族の問題で安心して勉強できない場合に教師と協力して子どもを支えること、再犯を繰り返して社会のなかで居場所を失っている人の居場所と自立を支援する仕事など、社会福祉の仕事の範囲は広がりを見せています。その働きのための専門的な知識と技術を駆使して働くのが福祉の仕事です。

社会福祉の仕事は「どのようなニーズがあるか?」を考えることから始まります。社会の変化や発展にともない、新しい福祉ニーズが表出してきますので、そのニーズの解決のために仕事の範囲も広がってきます。しかし、当人がみずから陥っている苦しい状況を「福祉ニーズ」であると自覚せずに、周囲に助けを求める声をあげなかったり、あるいは周囲から特別視されることを恐れて自分の苦境を隠し、周りの人が気づけない場合もあります。ですから、それらのニーズを目に見えるようにして解決へと導いてゆくのです。究極には、何が人びとを幸せにするかを考えながら、いつも今日より明日を目指している仕事です。

### 福祉の仕事はやりがいのある仕事

**池上**　一人の人間に、一人の人間として向きあわなければならない、福祉の仕事も臨床心理の仕事と同じように人の本質に迫る大変な仕事ですが、そうした大変な仕事であっても先生がやり続ける原動力になっているのは、どのようなところからでしょうか。

**遠藤**　「対象に近づいて一緒になることと、大局を見るということが自分のなかで内的に統合できた珍しい人だ」。これは二〇一九（平成三一）年の石井十次《いしいじゅうじ》賞を受賞した横須賀基督《キリスト》教社会館の阿部志郎《あべしろう》会長が石井を評していった言葉です。

ご存じない方が多いと思いますが、石井十次（一八六五〜一九一四）という人は、明治時代中期に日本で最初に岡山孤児院を開いた、児童福祉の先駆者です。大変な困難を乗り越えながら孤児院、保育所や夜間学校の設立にも力を尽くしました。

その石井を顕彰《けんしょう》する賞を受賞した阿部会長の横須賀基督教社会館は、子ども、障害者、高齢者がともに支え合って地域で生きていくための社会福祉活動をしている歴史ある民間の福祉施設です。阿部会長の言葉からは、「社会福祉の仕事は、たった一人の命と生活を守るために行動することと同時に社会全体に働きかけることが大事だ」というメッセージを感じることができます。

いま日本では、子どもが守られるべき家族のなかで悲惨な虐待にあって命を落とす事件が報道されることがあります。このような事例は氷山の一角で、児童養護施設に児童相談所から送られてくる子どものなかには、よくここまで生き延びてこられた、と思われる事例も決して稀《まれ》ではありません。このような悲惨な事例でなくても、現代の子育て環境は孤独な子育てが強いられ、日々のストレスや不安のなかで子育てをしている場合が多いといわれています。児童福祉は不幸にして問題に遭遇した子どもをしっかり受け止めることが中心的な仕事ですが、問題によっては個々の家族や地域社会の努力だけではどうにもならない段階にきている場合もあります。子どもは守られ、健やかに育まれる、そんな存在であるというごく当然なことができないという現実をしっかりうけとめて向きあっていくことも大切なことです。この仕事は広い視野に立ちつつ、一人ひとりの子どもの未来を描くことができる素晴らしい仕事です。

池上　格差社会がもたらすのは貧困だけではありません。いま家庭や社会において虐待を含めて子どもへの不適切な関わりが深刻化しています。たとえば虐待の疑いで児童相談所に通告された件数は、二〇一九年一年間で九万七八四二件（前年比二二・九％増、警察庁調べ）にのぼっており、二〇〇四年以降、毎年増え続けていて、ここ五年間で約二倍になっています。

中高生を中心にした淫行、児童ポルノ、児童買春などの性犯罪の被害も深刻です。ツイッターなどを使ったSNS（交流サイト）犯罪も急増しており、二〇一九年には二〇八二人の一八歳未満の子どもが被害にあっています。これは過去最多です。

同年には大阪市に住む小学六年生の女児がSNSで知り合った男性に誘拐され、栃木県で保護されるという事件も起きており、被害者に小学生も増えています。この背景には、スマートフォンの保有率が小学生でも四〇％を超え、高校生では九〇％以上になるという社会の変化があります。このような社会の変化を映し出した犯罪や虐待から、私たち大人は子どもをどのように守ることができるか、新たな視点から考える必要があります。

## 憲法の理念に基づく福祉制度

**佐藤**　いま児童相談所の話が出ましたが、児相とはどんな施設でどういう役割を担っているのですか。

**遠藤**　児相についてお話しする前に、まず日本の社会保障、社会福祉の仕組みをご説明します。日本の憲法（日本国憲法）には「国民の権利及び義務」を定めた第三章の第一三条、第一四条、第二五条で、それぞれ次のように書かれています。読んでみましょう。

第一三条　すべて国民は、個人として尊重される。生命、自由及び幸福追求に対する国民の権利については、公共の福祉に反しない限り、立法その他の国政の上で、最大の尊重を必要とする。

第一四条　すべて国民は、法の下に平等であって、人種、信条、性別、社会的身分又は門地により、政治的、経済的又は社会的関係において、差別されない。

第二五条　すべて国民は、健康で文化的な最低限度の生活を営む権利を有する。
国は、すべての生活部面について、社会福祉、社会保障及び公衆衛生の向上及び増進に努めなければならない。

**佐藤**　第一三条で幸福追求権、第一四条で平等権、第二五条で生存権について規定しているわけです。

教科書的な解説をすると、日本国憲法の三原則というのがあって、一つ目が基本的人権の尊重、二つ目が国民主権、三つ目が平和主義です。この原則を侵さないよう国家をしばる、それが憲法の本質です。

民法や刑法が、国民が守らなければならないルールであるのに対して、憲法は国が勝手なことをして国民の権利や自由を奪ったりしないようにするための法です。

基本的人権というのは、人間が生まれながらにして持っている権利です。自由にものを言ったり行動したりする権利や、個人として尊重され、生まれや性別などで差別されない権利のことで、自由権、平等権といわれるものです。

遠藤　先ほどの憲法の条文は、いまおっしゃった基本的人権の中身を具体的に示したものです。自由権、平等権のほかに、第二五条が、国が社会保障や社会福祉をしっかり行って、生存権すなわち国民の生きる権利を保障するよう定めているのです。

佐藤　二五条については、国民の権利ではなく、国の努力義務にすぎないという考え方が一昔前は強かったですね。

遠藤　憲法の解釈としてはいろいろあると思います。かりにそうだとしても、国は国民が幸せに生きられるように絶えず努力しないといけないわけです。日本の社会福祉の法律は、これらの憲法の理念を具体的な政策として展開するためにつくられているのです。

池上　憲法二五条は生活保護法の基盤にもなるものであり、いま国際的なコロナ感染の経験以降、日本においても私たちの生活と社会の経済活動のあり方が激しい変化のただなかにおかれている現在、二五条が意味するものは、いまこの時代、新たな重みを持つものでもあると思います。

## 子どもを守る土台となる児童福祉法

**佐藤**　では、社会福祉の法律にはどのようなものがあるのですか。

**遠藤**　社会福祉事業を行う組織や財政、運営に関する法律と、社会福祉サービスの内容に関する法律の大きく二つに分かれます。前者には社会福祉法、地方自治法、民生委員法、社会福祉士及び介護福祉士法などがあり、後者に生活保護法、児童福祉法、身体障害者福祉法、老人福祉法、知的障害者福祉法、母子及び寡婦《かふ》福祉法があり、この六つをまとめて「社会福祉六法」と呼んでいます。介護保険法を入れて七法とする場合もあります。その他関連した多くの法律があります。

このなかの児童福祉法は、戦後すぐの一九四七（昭和二二）年に、すべての児童の福祉の増進を図るという目的で制定されました。その後、時代のニーズに合わせて改正されて、さまざまな施策が定められています。

児童相談所は児童福祉法に基づき都道府県と指定都市で設置が義務づけられた行政機関です。二〇一九年四月一日現在、全国に二一五カ所あります。

児相の仕事は、児童に関する専門的な相談に応じることで、必要に応じて児童を一時保護したり、施設に措置入所させたり、養育困難な場合には日常的な指導を行ったりします。

児相とは別に、家庭児童相談室というものが全国の福祉事務所（福祉に関する事務を行う行政機関）内に設けられています。福祉事務所は社会福祉法に基づき、都道府県と市に設置が義務づけられているもので、家庭児童相談室は児童相談所と連携しながら、より身近な市町村の相談機関として、その役割を果たすことが期待されています。

**池上**　福祉関係者だけではなく、教育や医療関係者にとっても児童福祉法はとても重要な法律です。児童福祉法の第一章第一条にはつぎのように書かれています。

すべて国民は、児童が心身ともに健やかに生まれ、且つ、育成されるよう努めなければならない。

2　すべて児童は、ひとしくその生活を保障され、愛護されなければならない。

そして第二条がこう続いています。

国及び地方公共団体は、児童の保護者とともに、児童を心身ともに健やかに育成する責任を負う。

これを読むと、児童福祉法がすべての法律の優位に立つから、同法の適用が優先されるという側面もあると考えられます。

**佐藤**　ただ第三条で、〈前二条に規定するところは、児童の福祉を保障するための原理であり、この原理は、すべて児童に関する法令の施行にあたって、常に尊重されなければならない。〉といっています。尊重ですから努力規定ですよね。法的義務ではないですね。

**池上**　従来はそのように捉えられてきたところがありましたが、いま問題になっている児童の虐待死亡事件については、学校の担任の先生や校長のみならず教育委員会なども、児童福祉や児童虐待への取り組みとしての機関としての児童相談所のことについて、適切な理解が不足していたために起きてしまった深刻な事件だったと思われます。教育の現場のみならず、私たち一人ひとりが虐待の通報義務があることなどにつながる児童福祉法がすべての子どもを守る土台になっているということについて、さらに世の中に知られ共有されねばならないと考えます。

## 社会的養護の重要性

**佐藤**　児童福祉法の重要性はよくわかりました。全国にある児相には、実際にどんな相談があるのですか。

**池上**　児童福祉法では満一八歳未満の子どもを児童と定義していますので、生まれてすぐの赤ちゃんから高校生やすでに社会に出て働いている人まで含まれます。

相談内容は、①心身に障害がある（障害相談）、②不登校やひきこもり、③窃盗や暴力といった非行（触法行為）などの非行相談、④保護者が失踪したり病気になったりして子育てができなくなるという養育困難や、育児放棄（ネグレクト）や虐待など、さまざまです。

これらのなかでいちばん多いのは④で、「養護相談」といわれています。二〇一六（平成二八）年までは心身の障害の相談がトップでした。ところが、二〇一七年から養護相談が障害相談を上回るようになっています。

先ほど、児相への虐待の通告件数の急増にふれましたが、児相に寄せられる相談の数はそれよりはるかに多く、厚生労働省の発表では、二〇一八年度は五〇万四八五六件もあり、そのうち養護相談が二二万八七一九件、障害相談が一八万八七〇二件となっているのです。

こうした統計からもうかがえるように、父親や母親などの保護者から心身の成長に必要な適切な家庭環境を与えられず、それどころか虐待や不適切な養育を受ける子どもたちが増えており、幼い命が犠牲になる事件が後を絶ちません。

重要なのは「社会的養護」という考え方を、私たちが広く共有することだと思います。厚生労働省では社会的養護を、児童福祉法と子どもの権利条約の理念に基づき「保護者のいない児童や虐待されている児童を、公的な責任で社会的に養育し、保護するとともに、養育に大きな困難を抱える家庭への支援を行うこと」と定めています。同時に社会的養護は「子どもの最善の利益のために」と「社会全体で育む」を理念として行われています。児童養護施設や里親制度がその役割を担っています。

## 児童福祉司と児童心理司

**佐藤**　その社会的養護への入口の役割を果たすのが児童相談所というわけですね。では、児相で相談の対応にあたるのはどんな人ですか。

**池上**　児相の所長のほか、主には児童福祉司と心理司がまず対応しますが、虐待事案で最終的に判断をしなければならない時には、児童相談所の所長も含めた所内会議で話し合われ決定されていきます。

**佐藤**　その人たちは児相の職員、つまり地方公務員ということですか。

**池上**　そうですね。児童福祉司は児童福祉法で定められた専門職員で、相談者の話を聞いて助言したり、家庭訪問や関係機関との連絡、調整などを行います。地方公務員試験に合格して、採用された人たちです。厚生労働省では、児童福祉司について児童福祉法一三条により次の六つのいずれかに該当していることを定めています。

①都道府県知事の指定する児童福祉司等養成校を卒業、又は都道府県知事の指定する講習会の課程を修了した者

②大学で心理学、教育学もしくは社会学を専修する学科等を卒業し、指定施設で一年以上相談援助業務に従事したもの

③医師

④社会福祉士

⑤社会福祉主事として二年以上児童福祉事業に従事した者であって、厚生労働大臣が定める講習会の課程を修了したもの

⑥上記と同等以上の能力を有する者であって、厚生労働省令で定めるもの

少しわかりにくいところもありますが、地方公務員試験に合格した人が、いまお話しした要件を満たしていて児童福祉司として任用されると、そこではじめて児童福祉司として仕事ができます。国家資格の医師や弁護士と違って、要件を満たしていて資格があるというだけでは児童福祉司の仕事ができないので、こうした資格を任用資格といいま

す。

**佐藤**　心理司も同じですか。

**池上**　やはり任用資格を取得した地方公務員になります。一方、病院などの医療機関や東京都などでの公立の小中学校のスクールカウンセラーの場合は、国家資格である公認心理師の資格を持っていることが基本的な応募条件になります。児童相談所の児童心理司の主な仕事は、①子ども、保護者などの相談に応じ、診断面接、心理検査、観察などによって子ども、保護者などに対し心理診断を行うこと、②子ども、保護者、関係者などに心理療法、カウンセリング、助言指導などの指導を行うこと、と定められています。

**佐藤**　社会福祉士や社会福祉主事とはどんな人ですか。

**池上**　社会福祉士は「社会福祉士及び介護福祉士法」に定められた国家資格で、公務員として児童相談所だけではなくほかの福祉施設や福祉事務所で仕事をしたり、学校や医療機関などでも働くことができます。最近は司法の分野でも社会福祉士を採用する動きが出ています。受刑者の出獄後の生活支援や自立を支援するためです。

社会福祉士になるには福祉系の大学で指定科目を履修し、社会福祉士国家試験に合格するか、福祉系の短大で指定科目を履修し、相談援助実務を一～二年行って試験に合格するなど、いくつかの方法があります。

社会福祉主事は、「社会福祉法」を法的根拠にして、社会福祉のあらゆる分野で、社会福祉の関連法を執行できる基礎的な資格です。

先ほどの遠藤先生のお話にあった家庭児童相談室に置くことを義務づけられていて、児童福祉司と同じように任用資格を持つ公務員です。

任用資格を得るには、大学で社会福祉に関する科目を三科目以上履修し卒業する、指定された通信教育課程を修了する、都道府県が実施する講習会を受講するなどの方法があります。社会福祉主事になるための試験というものはなく、社会福祉士の資格を持っている人なら社会福祉主事として働くこともできます。

## 児童福祉施設が果たす役割

**佐藤**　都道府県や市町村などの公務員となると、配属先を自分で選ぶことはできませんよね。福祉の仕事がしたいと思ってがんばって公務員試験に合格しても希望がかなうとは限らないのではないですか。

**遠藤**　はじめから福祉職として採用試験を行う自治体もありますが、数は少ないですね。自分から配属先の希望を出すということもできなくはないと思いますが、基本は自治体の人事に従うことになります。

**佐藤**　その点、社会福祉士はオールマイティのように思えますが、児童福祉の仕事としてはほかにどのようなものがありますか。

**遠藤**　児童福祉の仕事は社会福祉制度のなかの一つの分野を担っています。社会福祉制度を実施するためにいろいろな行政の窓口や福祉施設がつくられています。

　児童相談所や生活保護の事務などを行う福祉事務所は、地域住民の福祉相談を受けつける行政機関です。そして、老人、児童、心身障害者、生活困難者等社会生活を営むうえで、さまざまなサービスを必要としている者を援護、育成または更生のために支援をしている社会福祉施設があります。大きく分けると老人福祉施設、障害者支援施設、保護施設、婦人保護施設、児童福祉施設等です。細かく分けると七〇～八〇種類の施設が約七万七〇〇〇カ所あり、全国で三八〇万人以上の方々が利用しています（二〇一八年

一〇月現在、「社会福祉施設等調査の概況」厚生労働省）。

ここで取り上げている児童福祉施設とは保育所をはじめとして助産施設、乳児院、母子生活支援施設、児童養護施設、障害児入所施設、児童自立支援施設、児童心理療法施設、児童発達支援センターなどがあります。その他では放課後に子どもたちが利用している放課後学童クラブ（学童保育）や児童館も広い意味で児童福祉の活動をしています。

これらの施設は、公の自治体ばかりでなく社会福祉法人やＮＰＯ法人、近年は株式会社等の企業によって設置され、運営されています。児童福祉施設等は全国に四万三〇〇〇カ所以上あり、約二七〇万人の児童が利用しています。そのなかでもいちばん多いのが保育所で約二万七〇〇〇カ所に二五〇万人の子どもが利用しています（二〇一八年一〇月一日現在、「社会福祉施設等調査概況」厚生労働省）。それに加えて、放課後学童クラブは全国で二万五〇〇〇カ所あり、毎日一三〇万近い子どもたちが利用しています（二〇一八年一二月二八日厚労省発表）。このように多くの子どもたちが利用しているのですから、今や児童福祉施設は国民生活にとってなくてはならない場所です。社会福祉全体で働いている人は一〇〇万人を超えましたがその六割以上は子どものために働いています。また、正式な職員として働くのではなく、さまざまなボランティアとして子どもたちに関わる場合も広い意味で児童福祉の担い手です。

先ほど池上先生が説明された社会的養護の対象となる子どもたちを保護、養育するのは、このなかの乳児院、母子生活支援施設、児童養護施設、児童自立支援施設、児童心理療法施設、児童家庭支援センターなどです。

その他に里親制度があり、施設で育てるのではなく、親の代わりになってくれる人を一般から募って里親になってもらい、その家庭で育てるというものです。

このように、子どもを守るための機関や施設は種類も多く、行政職員や福祉施設の職員として働くことや里親になることが子どもを守ることに直結するわけです。もちろん教育や医療の現場で働くことも、広い意味で児童福祉、子どもの命と生活を守る仕事といえます。

## 大学などで専門教育を受ける

**遠藤**　社会福祉士は高齢者や障害者の福祉関連施設のほか医療機関でも働くことができ

るので資格取得をめざす人は多く、毎年、四万人強の人が受験し、合格率は三割程度ですから、かなりの狭き門です。

なお、福祉関連の国家資格には社会福祉士のほかに保育士や介護福祉士、精神保健福祉士があります。

**池上**　いまお話にあったような資格をとって福祉の仕事をしたいという若い人に対して、遠藤先生がアドバイスしたいことはどのようなことですか。

**遠藤**　資格をとるのはもちろん大事なことですが、まず大学や短大あるいは専門学校で社会福祉全般の専門教育を受けることを考えてほしいです。福祉系の大学以外で社会学や心理学を専攻していれば、資格をとるときに役立つ場合もあるでしょう。

高校の進路指導では、「経済や法律を学んで公務員になれば福祉行政のなかで自分の考えを福祉の政策に生かすことができる」と指導する先生もいるそうです。

それも一理ありますが、やはり専門教育を最初に受けることが必要だと思います。なぜかというと、若く、感性が豊かな時に、グローバルな視点を養い、自分自身を豊かにし、人間の価値や幸せについてしっかり考えてみることが大切だからです。また、人を援助する方法を身につけるためには自分をしっかり見つめなおす勉強も大切だからです。このようなことは若い時にこそできる学習の仕方だと思います。

## 児童福祉の柱となる保育所

**池上**　いま、社会的にも心のケアや心の健康の大切さへの関心も高まり臨床心理士や公認心理師、精神科医になりたい、あるいは保育士など、いわゆる対人援助の専門家になりたいという高校生や若い人が増えてきています。公認心理師は二〇一七（平成二九）年にできた新しい国家資格で、心理学の知識や技術を使って保険医療や福祉、教育現場で助言や指導ができるというものです。

保育士になりたいと思った生徒や学生が授業を聞いて、乳児院や児童養護施設の仕事が、実は幅広い年齢層の子どもたちと関り、施設長のみならず心理や栄養士、ときには医師などさまざまな専門的職種の人たちとともに働く場であることを知り、関心が高まりおもしろそうでやりがいがありそうだと考える学生も増えてきています。ちなみに、法律上は保育所が正式名称ですが、一般的には保育園ということが多くなっています。

遠藤　福祉の仕事を考える入口は保育士が多いですね。子どもが好きということはもちろんですが、人のために役立つ仕事がしたい、世の中の役に立つ人間になりたいという思いが人にはあるようです。人のために役立ちながら自分も成長する、そこが福祉の仕事の大きな魅力であろうと思います。「福祉の仕事を通して自分を変え、成長することができる」、あるいは「仲間と協力しあった仕事は社会を変えることができる」ということを学ぶことができるでしょう。

佐藤　そう思います。私はどんな職業も社会的な意味があって、しかも、どんな職業も等価だと思っています。ですから、福祉の仕事は素晴らしいとことさらあがめ立てることもしないし、国会議員や官僚、あるいはジャーナリストが何か特別に偉い仕事をしているとも思いません。

みんな、持ち場、持ち場でそれぞれの仕事をしているわけで、その仕事というのはみな自分で選択したと思っていますが、究極的には、目に見えないけれども確実に存在する力によって自分の場所を与えられていると思います。

保育所や児童養護施設にいる子どもたちは、人生のスタートラインに立って未来に向けて歩み始めようとするとき、保育士や社会福祉士などの力がなければ、その第一歩を踏み出すことさえむずかしいわけです。それこそ生命そのものが維持できない子どももいます。

そういう意味でいえば、福祉、とりわけ児童福祉の仕事は重要であり、私も福祉の現場から学んでいきたいと思っています。

**遠藤**　保育所は厚生労働省の管轄下にありますが、幼稚園は文部科学省です。保育所は数も多いので、福祉行政のなかでかなりの割合の予算が投じられてきています。

近年、幼稚園と保育所が一元化され、認定こども園になってきています。働きとしては限りなく保育園化してきているように思います。

先にも記しましたが、保育所は二〇一八年の統計で約二万七〇〇〇カ所（認定こども園を含む、厚労省「社会福祉施設等調査の概況」）でしたが、認定こども園の増加や待機児童解消のための保育所増設もあるので現在は三万カ所近くになっているでしょう。

ここで忘れてはならないのは無認可保育園といわれている認可外保育施設についてです。厚生労働省は平成二八年三月末で六九二三カ所と発表しています。約二〇万人の子どもが利用していると思われます。待機児童の解消という政府のスローガンもあって、少子化にもかかわらず、これからも保育施設は増えるでしょう。

## 待遇改善が進む保育士

**佐藤**　保育士に関しては、このところ給与が上がって待遇面も改善されてきているので、ひと昔前の低賃金できつい労働というイメージが急速に変わると思います。

**遠藤**　たしかにそうかもしれません。大学を卒業して福祉の職に就いた二〇代半ばの青年が、「友だちの仕事の仕方を見たらものすごく大変だ。それに比べたらオレのほうがまだいい。ボーナスも出るし、いちおう休みもあるし」というのです。

**佐藤**　ある東京都内の私立の保育園では、大卒の保育士の初任給は二六万円です。

**遠藤**　一般的には二二・三万円前後ですが、給与の支払い方を工夫しているところも多く、たとえばボーナスも含めた報酬を給与として平均して提示したり、新人のときに高めの給料を出して昇給を少しゆっくりにするとか、海外の研修に連れて行くところもあります。

佐藤　兵庫県の明石《あかし》市では、数年前に保育士の給料を大幅にアップし、待遇を劇的に改善しました。その結果、人手不足が解消しました。応募が殺到し競争が激しくなるので、保育士の質が向上し、保護者に対する接し方なども格段によくなっています。

遠藤　国は二〇一五年度から保育士の給与改善を行ってきており、月額三万円前後の給与アップもなされてきました。また、キャリアアップをともなった処遇改善費の支給もなされています。東京都では上限八万二〇〇〇円の家賃補助を行っています。家賃の八分の七を都や区が負担するというもので、区によって細かな違いがありますし、時限措置で期間が決められているところもあります。当分は続くと思いますし、東京都以外でも同じような家賃補助をやっている自治体がいくつもあります。

佐藤　家賃補助のようなことをいちど始めてしまったら、簡単にはやめられません。それから、これは基本的なことですが、保育所には認可保育所と認可外（無認可）保育施設の二つがあります。認可保育所は児童福祉法が定めた保育所の設置基準を満たし、都道府県知事の認可を受けた施設です。

認可外、いわゆる無認可の保育施設は設置基準を満たしていないため知事の認可を受けていないところですが、これには、非常に劣悪な環境だから無認可の保育施設と、独自の教育をやっているから無認可になっているところの二通りあります。

私が知っている無認可の保育施設のなかには、アイルランド人やスペイン人の優秀な先生がいて、インターナショナルを教育理念にしているようなところや、保育料がゼロ歳児で年間三〇〇万円くらいになるところもありました。

**遠藤**　保育所はとにかく数が多く、設置主体が地方自治体や社会福祉法人や一般企業ですので、保育の内容はさまざまです。保育の理念を明確にし、子どもの育ちを大切に考え、親の想いに寄り添いながら民主的な運営に努力している保育所がある一方、設置者の考えを優先して、親や保育者の意見を二の次にして運営しているところもあり、実態はさまざまです。

しかし、ここのところますます保育所に関する関心は高くなってきているので、利用する方々の評価もＳＮＳなどで可視化されてきています。

**池上**　児童福祉司や心理司、社会福祉士は地方公務員の給与規定に沿った給与を得ています。東京都の児童養護施設で保育士として働いている職員の方がいますが、その保育士さんも家賃補助が受けられますか。

**遠藤**　保育所と同じものではありませんが児童養護施設などの職員にも家賃補助が行われ始めました。児童福祉施設で働く職員に対する処遇は各自治体によってまちまちです。

## ＡＩに福祉の仕事はできない

**遠藤**　自治体や運営法人や企業によって職員の待遇は当然違いますが、ＡＩ（人工知能）の発達で、近い将来さまざまな職業がなくなるといわれているなかで、保育士の仕事、ひいては福祉の仕事はＡＩには代替できないもので、絶対に生き残る職業だと思います。

**佐藤**　ベストセラーになった『ＡＩ vs. 教科書が読めない子どもたち』（新井紀子、東洋経済新報社）を読むと、社会的養護の現場で仕事をしている人たちは自信が出ます。福祉の仕事はＡＩが進歩してもなくなりません。それどころか、将来非常に有望な仕事です。

シンギュラリティといって、近い将来、人間の頭脳をコンピュータが超えてしまうと主張する人がいます。福祉施設の場合、事務のほとんどがＡＩによって可能になり、介護ロボットが進歩すれば介護士が行ってきたケアはロボットがやれるようになるので、その制御システムをつくる人さえいれば、あとは要らなくなってしまうことになります。しかし、こうした〝予想〟は完全に間違っていることを著者が見事に説明しています。

著者の新井さんは東大に合格するロボットをつくるという「ロボットは東大に入れるか」プロジェクトのチーフです。このプロジェクトが、世の中ではセンセーショナルに取り上げられ、一定の大学入試レベルまでロボットが追いついたと話が広がったけれども、そうではないというのです。

どういうことかというと、過去の入試問題の蓄積がビッグデータとして大量にインターネット空間にあって、ロボットはそこから似た答えを拾ってきているだけなのです。社会的養護の世界は、そのデータ自体が非常に少ない。だから、コンピュータになじまないのです。

それから、そもそも原理的な話をすると、AIができることは四則演算だけです。それを速く大量にできるというだけのことです。

では、われわれの世界やわれわれが考えていることをすべて数学の数式に置き換えることができるのか。新井さんははっきりといっています。数学者だったら全員「できない」というはずだと。数学ができることは論理、確率、統計の三つしかなく、それ以外のことはできないのです。

**遠藤**　ソーシャルワーカーが社会福祉援助者として中心的に担っている「人間にかかわる仕事」は人間にしかできません。これははっきりしているのではないですか。

**佐藤**　新井さんの本には、オックスフォード大学の研究チームがつくった「ＡＩ化によって一〇年から二〇年後に残る仕事、なくなる仕事一覧」が載っています。それによると、細かいものまで含めて三五〇くらいの仕事がなくなるおそれがあるのですが、そのなかに社会的養護の仕事は入っていません。

ですから、実証的なデータ、見通しによって、おそらくいま学んでいるスキルやノウハウが無駄にならない、一生打ち込める数少ない仕事の一つだと思うのです。

## 有限は無限を包摂できない

**佐藤**　遠藤先生も私もクリスチャン（キリスト教徒）なので、ちょっと神学的な話をしたいのですが、キリスト教にはプロテスタント、カトリックの二つの宗派があるのはみなさん知っていると思います。プロテスタントにはルターとカルヴァンという二人のキャラクターが違う宗教改革者がいました。

ルターは、有限が無限を包摂することができると考えます。コンピュータは0と1の二進法で、四則演算しかできません。でも、0と1のデジタルの思考で人間のこともすべてわかるし、最終的には生命のこともすべて解明できるし、森羅万象が全部わかるという考え方なのです。

それに対してカルヴァンの系統のほうは、そういうふうには考えない。有限は無限を包摂することはできないので、つねに外側、つまりわからないことは永遠に残り続けるという考え方なのです。

新井紀子さんの考え方はカルヴァンに近いものです。神学者はカルヴァン主義的外部といいますが、人間と人間の関係、福祉施設の職員同士の関係、上司と部下の関係、あるいは職員と家族の関係は、数式には還元できないことです。ということは、この仕事の領域は永遠に残るし、また、子どもたちとの関係も、どんなにコンピュータが発達しても代替できないわけです。

## ソーシャルワーカーが支える福祉

**池上**　先ほど遠藤先生がおっしゃったソーシャルワーカー（社会福祉援助者）は、福祉の現場で専門的な知識と援助技術（ソーシャルワーク）を持って働く人のことですね。福祉施設のみならず病院などの医療機関や学校などで、家族や地域社会、関係機関と連携しながら、いろいろな困難を抱える人びとに対して、総合的な援助を行います。つまり、いままで述べてきた福祉の仕事に従事する人の総称といっていいかと思います。

**遠藤**　そうです。近年ソーシャルワーカーという名称はよく聞かれるようになりましたが、どのようなところで、どのようなことをする人なのかまではわかっていないように思います。この本と同じシリーズで『ソーシャルワーカーという仕事』（宮本節子）が出版されていますが、とてもわかりやすく説明されているので、ソーシャルワーカーの仕事をイメージすることができると思います。

私が勉強していた頃はソーシャルワーカーという言葉はほとんど使われていませんで

したが、アメリカの本にはよく出ていました。私は日本社会事業大学で仲村優一《なかむらゆういち》先生のゼミで、アメリカの論文でスクールソーシャルワーカーの働きについての文献を読みました。学校と家族の連絡を密にして、子どもが学校で安心して勉強ができるようにするのがスクールソーシャルワーカーの仕事で、朝登校できない子どもを迎えにゆくこともあるとか、スクールソーシャルワーカーの朝は早いと書かれてありました。

**池上**　要請される職務内容は多様で、かつ職責が重い仕事ですね。

**遠藤**　日本ではソーシャルワーカーという名称で固有な働きが早い時期から行われた分野は医療でした。医療ソーシャルワーカーは戦後大流行した結核患者の療養所に配置されていることが多かったです。患者が安心して療養し、社会に復帰できるように尽力されていました。聖ルカ病院では昭和のはじめから配置されていましたが。

**池上**　日本ではソーシャルワーカーという資格があるわけではないので、社会福祉士や精神保健福祉士などの国家資格を取得し専門知識を持った人がいろいろなところでソーシャルワーカーとして仕事をしていますが、外国ではどのように養成され活動していますか。

**遠藤**　国によって異なりますが、主要先進国は大学院で専門教育を受けた者がソーシャルワーカーとして働いています。イギリスの例では、大学を出てから三年間、専門教育を受けるようになっていて、その教育内容は実習教育が大きなウェイトを占めています。実習現場の指導者と大学院の指導者が連携しながら学生のソーシャルワーカーとしての資質と能力を高めていくのです。

アメリカも同様で、社会福祉を大学で学んで福祉の仕事をしている方もたくさんいますが、登録されたソーシャルワーカーになるためには大学院を出なければなりません。州によっても異なりますが、例えば高齢者の施設の種類によって有資格のソーシャルワーカーの設置義務のある施設とそうでない施設があります。もちろん業務の内容も違います。

日本でも大学院で社会福祉を学ぶことができますが、イギリスやアメリカ、カナダで行われているような教育カリキュラムとは大きく異なっています。

**佐藤**　遠藤先生、それをいまの日本の大学院に望んでも無理だと思います。平均的な学生の学力は学部生よりも大学院生の方がむしろ低いくらいですから。これは日本にとって大きな問題なのですが、いまおっしゃった、対人援助の能力、技術は福祉の仕事をする人間にとって非常に大事ですね。

**遠藤**　私は学生時代に東京・深川のスラム街の子どもたちの世話をしたことがあるのですが、あまりにも過酷な環境に置かれた子どもたちに対して、自分がどのように接したらいいかわからなくなってしまった経験があります。

そこで私は、先ほどお話しした仲村優一先生にソーシャル・ケースワークの授業で、「相手を受容するといっても、経験したことのないことをどうしたら受容することができるのでしょうか」と質問したのです。すると先生は次のように答えてくださいました。「経験したことを土台にして受容することは経験主義に陥ってしまい、そのことだけしかわからないでしょう。相手をありのままに受容するためにいまみなさんは勉強をしているのであって、その問題の背景について科学的に学び、困難に陥っているときの人間の心理状態や行動の表れ方について学んでいるのではないですか。勉強の仕方によっては深い共感力を訓練することもできるのです。この知識や技術を意図的に用いて援助するのが専門職です」

それを聞いて私は、自分がいま何を身につければいいのかがよくわかり、勉強する意味が明確になりました。仲村先生は敬虔《けいけん》なクリスチャンファミリーで育ち、ご自身もクリスチャンでした。そんなこともあって、私は仲村先生から強い影響を受けたと思っています。

当時は対人援助に関する研究も今ほど進んでいなかったと思いますが、私は出会った教員や友人たち、そして先に述べたスラム街での経験などから多くを学びました。専門的な社会福祉教育も半世紀以上の歴史を歩んできました。今日の学問の発展や社会福祉現場の実践の積み重ねから多くの援助技術や方法を次世代に伝えることができるようになってきていると思います。これらのことを専門職教育のカリキュラムに反映させてほしいと思います。

## 経験主義に陥ってはいけない

**佐藤**　経験主義というのは福祉の仕事を考えるうえで重要なキーワードですね。福祉活動の現場で極端な事例を見ている人が「もっとひどいところがある」という。すると、

「じゃあ、自分に発言権はないんじゃないか」と思う人も出てくる。こうなると、最も大変なところで仕事をしている人がいちばん発言権があるというおかしな話になってきます。そういう考え方を蹴っ飛ばすために重要なのは理論です。

そもそも悲惨な状況にある人は天使のような人間だと思っていると大間違いです。疎外された状況になると嘘《うそ》もつくし、ちょっとしたごまかしもする。それをわかったうえでどうやってつきあっていくかということです。

それから、「オレの経験ではこうなんだから、こうやってやれ」というのも悪しき経験主義です。それぞれの人間や施設の置かれている状況を無視した押しつけは、カウンター・プロダクティブ（逆効果）のような結果を往々にして引き起こします。

現場を知らなくては発言できない、という考え方は怖いんです。福祉ではなく学校教育の話になりますが、荒れた学校では、授業中でも子どもたちはみんなそわそわして落ち着きがありません。そこでは結局怒鳴りつけて生徒を押さえつけることができる教師が力を持ち、肝腎の授業がおざなりになり、教材研究などもしなくなります。すると、ますます子どもたちは学校が嫌いになり、親も学校を敵視するようになります。

いまいったようなことをどうすれば克復できるかといえば、一つは遠藤先生のように若いころから他者性を重視するような思想的な刷り込みがあるか、それがない場合は教育で身につけるしかありません。ですから、遠藤先生が繰り返しおっしゃっているように、福祉の専門家をつくる教育が非常に重要です。

## 相手をわかったふりをしてはいけない

**遠藤**　福祉の仕事は、劣悪な環境で暮らしている子どもや虐待を受けている子どもなど、自分ではまったく経験していなかったことを経験した子どもたちと向き合わなければならないのですが、いくらわかろうとしてもわからない部分があります。保育の仕事も親になった経験がなくても子どもを育てる仕事をするので「先生は親になったことがないからわからないでしょう……」といわれた経験のある保育士もきっとたくさんいるはずです。確かにわからないことがあるのです。わからないことはわからないということの事実をきちっと受け止めることが必要なのです。

**佐藤**　わからないことをやっているのだから、わかったふりをしたらいけないということとですね。

**遠藤**　そのとおりですね。ですから、わからないという前提に立ってその子と向き合うのですが、そのときはほんとうに手探りですし、自分にも自信がないし、いままで積み重ねた経験は何だったんだろうと、自己肯定感まで揺るがされるような試しにあったりします。

それでも、その子どもたちの前に立ち続けなければならないし、仕事をやり続けなければならないわけですから、何かに自分自身を預けていなければ心が折れてしまうような気持ちになるときがあります。

それを私は祈るという言葉に代えています。よく祈るような気持ちでといったりしますが、祈るということは、一つには人間の可能性を信じて、いま向き合っているその人に、または周辺の環境にゆだねる気持ちです。もう一つは見えない力を信じることです。そして、いま自分は何をしようとしているのかをつねに客観視する作業でもあります。

**池上**　もうかなり以前のことになりますが、ある学生が児童養護施設の学習ボランティアを始めたときに、担当する高校生から「あんたたちは私たちの敵だからね。だから、あんたたちに勉強を教わろうとは思わない。親に育てられて親のお金で大学に入った人に、私たちの気持ちなんかわからないでしょ」といわれたときの衝撃を話してくれたことがありました。

そういうときに「あなたの気持ちはわかります」と安易にはいえません。ただし、そういう文脈だけで考えてしまうと、不登校になった人でなければ不登校になった人の気持ちはわからないのか、人を殴ったことがない人は殴った人の気持ちがわからないのか、究極的には殺人をした人でないと殺人事件をおこした人の気持ちがわからないから弁護はできないのかということになってしまいます。しかし、現実には、私たちはそのように考えたり、判断したりはしていません。

**遠藤**　経験主義に陥らないようにしなければなりませんね。

**池上**　わからなくても、何とかわかろうとする人に出会えるかどうかがすごく大事だと思います。その高校生も、その後の人生ではどのような立場や人間関係を経験するかわかりません。そうしたなかで、どこかのタイミングでたまたまであっても、自分のことに関心をもち自分のことをわかろうとする人に出会うということは、生きていくうえで大切な経験であり大きな支えになると思っています。

**佐藤**　あんたなんかに勉強を教わりたくないといっている一六歳の子は、一六年かけてそうなってきたわけだから、それをわかろうとすれば一六年くらいかかる。なので、あえてわかろうとする必要はありません。「じゃあ、教科書を開けてみましょう」といってみる、「帰れ」といわれたら帰って、「また来たよ」と会いに行く。そういうふうに試してみる。いつまでも頑《かたく》なだったらそれはしょうがない。あきらめるしかない。どこで見極めるかということです。

**遠藤**　私はそういう子どもたちに出会ったとき、本当に世の中は苛《か》酷《こく》だなと思います。本来なら自然に美しく、すくすくと育つはずの存在が、環境や大人たちとの関係のなかで、人間としての成長を阻害されているのです。育つ権利が失われているのです。このような状態にしている世の中の仕組みやまわりの大人に強くいらだちや怒りを感じるのです。子どもの育ちに関する社会の無関心さや社会全体を支配する権力がもつ酷薄《こくはく》さが許せない思いです。

**池上**　心理療法の仕事の場面でも、困難な状況にあった人や、ときにはわが子の心理療法を頑なに拒む親御さんに出会うこともあります。そういうとき、意を尽くしても受け止められなかったとき、ほんとうに自分の非力に重い気持ちになりますが、ある勉強会で、「今回はクライエントは拒絶したけど、クライエントにとっては後々には、自分のためにここまで向かい合ってくれた人がいたということがいつかは考えられるようになる時が来るかもしれないから。そしたらそのクライエントはだれかに相談してみようと思うかもしれない。いまは面接にたどり着けなかったけど、あなたはそのクライエントに向かい合った人として存在したことに今回は意味があるのですよ」と言われ、深く考えさせられ、勇気づけられた経験になったことがあります。

## パターナリズムと共依存の危険性

**佐藤**　お気持ちはわかります。経験主義の危険性に加えて、もうひとつ気をつけなければいけないのは、パターナリズム（家父長主義）と過度のパターナリズム批判です。

パターナリズムというのは、強い力を持っている人間が、善悪などの価値の問題に介入して弱い者を支配することです。「お前の健康はオレが考えてやる」という態度で、カルテはドイツ語で書いていて、患者には何の説明もしてくれないひと昔前の医者みたいなものです。

いま、そうしたことに対する批判が出ています。と同時に、いま例にあげた医者のように年齢を重ねた専門家であれば、その専門知を無視したかたちで批判されても、それを全部そのまま受け入れるのはむずかしいのです。

優秀なプロテスタントの牧師が注意しているのは、異性の信者の相談です。ちょっと冷たいぐらいの適度な距離を保つくらいのほうが悩み相談をうまく処理できます。

福祉の現場で大変な問題を抱えている人と接するとき、受け止める側も内面に何らかの問題を抱えている場合、気をつけないと共依存になってしまいます。共依存になってしまうと「特定の子だけが可愛がられる」と問題にされることがありますが、それは決してその子のためを思ってやっているのではなく、その子を支えないと自分が崩れてしまうという関係になっているからです。

この、問題を抱えた者同士が依存しあうという共依存の関係もとても注意しなくてはならない事柄ですから、福祉を勉強したいと思っている人は憶《おぼ》えておいてほしいですね。

それくらい距離の問題というのはむずかしいのですが、遠藤先生がかつては存在した福祉施設の職員の方に対する姿勢とか接し方を見ていると、つねに適切な距離をとることを心がけていると感銘を受けたのです。

**遠藤**　さあ、どうでしょうか。私は若いときに「どうして自分は心を開くことができないのか」とずいぶん悩みました。友人たちといろいろ話していても、ここからは私の世界だからと殻に閉じこもってしまうのです。どうして自分には壁があるのだろうと悩み、はじめはそれをよくないことだと思っていました。

でも自分自身をいろいろ耕し、自己洞察が進んでいくと、自分に壁があることは悪いことではないと思えるようになりました。よく懐《ふところ》が深いといいますが、自分自身を耕していけばものごとを受けとめる空間は広くなる。ところが、自分が守るべきものをなくしてしまうと、かえって空間を広げるときに困ることがある。自分自身をちゃんと保っているからこそ、空間が広がっていくのだということに気づきました。

いま振り返ってみて、私は私ということをきちんと保って、それを説明しなさいといわれれば、相手に伝わるような言葉で説明できるように自分自身を訓練してきたのだと思います。

池上　児童養護施設など対人援助の仕事の職員の人たちの研修で必要なことはそういうところですね。心理学でバウンダリー（境界線）という言葉があります。誰も踏み込めない自分の心の世界のなかで、他の人が自分のその心の境界線を尊重してくれていると感じられると、自分のことをわかってくれていると感じ、安心して、身構えた気持ちが緩《ゆる》やかになりその人と向かい合うことができるようになっていきます。そうした出会いと経験を積み重ねていくことで、他者を信じ他者に心を開いていき、信頼関係を築いていくことができるようになります。

児童養護施設の子どもたちのなかにはものごころがつくかつかないかのうちに、そういう安心できるかかわりを親など重要な大人から十分に得ることができなくて傷ついた経験を重ねてきた子どももすくなくありません。その結果、そうした心の傷つきのために、人となかなか適切な距離をもったり関係を築くことができなくて周りの人を困らせることをしてしまったりすることもあります。それでときには経験が少ない職員がそうした子どもの気持ちの混乱に翻弄されて、傷ついたり苦しい思いをしたりすることもあります。

施設長など社会経験が長く年長の方のなかには、パターナリズムの表れの一つで「自分のやっていることにまだ経験の浅い部下はついてくればそれでいいんだ」と言われる方もときにはいらっしゃいます。しかし、いま、そしてこれからの日本の社会的養護には、一人ひとりの心に対して開かれていることが、とても大切になっていきます。このことは、社会的養護の子どもたちだけにとどまらず、いま苦難を経験した日本の社会に生きるすべての人にとっても必要なことでもあり、そこには遠藤先生がいわれた日本の福祉と人とのあり方の成熟が問われていることでもあると思います。

第2章　日本の児童福祉が歩んできた道

## 外地、大泊《おおどまり》での豊かな生活

**佐藤**　遠藤先生は大変長いあいだ、社会福祉関係の仕事をしてこられました。ここであらためて、先生のこれまでの人生と福祉に対するお考えを聞くことは、私たちにとって大変意味のあることだと思います。最初にお聞きしたいのですが、福祉の仕事に就こうと思われたのはいくつくらいのときですか。

**遠藤**　私は戦後、父の勤務の都合で九歳から一八歳まで北海道の遠軽《えんがる》という山村（現在の紋別《もんべつ》郡遠軽町）で育ちました。高校生になると自分の将来について考えるようになり、社会事業の仕事をしたいと思うようになりました。恵まれない人びとの役に立ちたいという思いが強かったのです。当時は社会福祉というよりも社会事業という言い方が一般的でした。

**池上**　先生のお生まれはたしか樺太《からふと》でしたね。

遠藤　一九三八（昭和一三）年に樺太の大泊、いまのサハリンのコルサコフで生まれました。
池上　日露戦争に勝った日本が、一九〇五（明治三八）年のポーツマス条約で樺太の南半分（北緯五〇度以南）をロシアから割譲されていましたね。
佐藤　ご両親はどんな仕事をされていたのですか。
遠藤　父は王子製紙の社員でした。母方の実家が海産物の問屋をやっていたらしく、身欠きニシンとか昆布とかほした数の子などが俵《たわら》で家に送られてきていました。
佐藤　大泊での暮らしぶりはどのようなものでしたか。
遠藤　丘の上に家があったものですから、港や街の様子がよく見えました。王子製紙の購買部に職員用のお店があるのですが、そこでは当時はとてもめずらしい南国のバナナなども売っていました。それから、白系ロシア人の方が街でいろいろなお店を出していて、イースト菌の匂いがぷんぷんするようなパン屋さんもありました。
佐藤　白系ロシア人というのは、一九一七（大正六）年のロシア革命によって世界で初めて共産主義国家のソビエト社会主義共和国連邦（ソ連）が誕生した後、外国に亡命した人たちのことですね。樺太だけではなく、当時の中国の満洲などでも亡命生活を送っていました。

**遠藤**　そうですね。もちろん幼かった私にはそんなことはわかりませんでしたが、四歳のころの夏に四国の徳島の父の実家に遊びに行ったことがあって、そのとき母が、「向こうは暑いから」といって、白系ロシア人の方がやっている洋服屋さんでレースの服をつくってもらいました。ですから、外国のいろいろなものとつながった、開かれた生活を送っていたように思います。

**佐藤**　当時、日本が植民地にしていた地域は「外地」と呼ばれていて、外地の日本企業の給与は「内地（日本本土）」の社員よりもずっとよかったはずです。王子製紙という日本政府と密接なつながりを持った国策会社で、しかも外地で勤務しているとなれば超エリートですから、非常に豊かな生活だったと思います。

**遠藤**　私の父はエリートではなかったですが、食べものは本当に豊かでしたが、戦争が始まったのが一九四一（昭和一六）年ですから、私が五歳、六歳くらいになるとだんだん食料や生活必需品の統制が厳しくなって、お菓子も全部配給になりました。

日本が戦争に負けて樺太がソ連の支配下に入ると、父は二年間、大泊に留め置かれました。

**佐藤**　王子製紙の関係者は、戦後長い間、抑留されていましたね。

## 九死に一生を得た樺太からの引き揚げ

**佐藤**　天皇の玉音放送があったのは一九四五（昭和二〇）年八月一五日、敗戦の日ですが、その六日前の八月九日、当時まだ有効だった日ソ中立条約を侵犯してソ連軍が侵攻してきます。遠藤先生はどうやって樺太を脱出したのですか。

**遠藤**　八月二〇日の早朝でした。母が大きな荷物を背負って、姉が生後一〇カ月の弟をおんぶして、七歳の私ともう一人の弟は自分の荷物を背負って、五人で眠い目をこすりながら船に乗りました。一九歳以上の男性は樺太から出てはいけないといわれていたため、女性や子どもたち、それにお年寄りしか船に乗ることができず、父は大泊に残されました。

**佐藤**　船の名前をおぼえていますか。

**遠藤**　小笠原丸《おがさわらまる》です。大泊から北海道の稚内《わっかない》に行き、私たちはそこで船を下りました。

**佐藤**　よくご無事でしたね。小笠原丸は、郵便や通信、交通業務を管轄していた逓信省《ていしん》が保有する通信用の海底ケーブルを敷設する船でしたが、当時の樺太庁が引き揚げ船に仕立てたものです。樺太在住の日本人を内地に帰国させるためです。

遠藤先生が稚内で下船した後、小笠原丸は小樽《おたる》に向かったのですが、その途中でソ連軍の潜水艦の魚雷攻撃を受け沈没し、たくさんの人が犠牲になります。沈みかけた船の甲板や浮き輪に必死でしがみついている人たちに、浮上してきた潜水艦が機銃掃射を浴びせたといわれています。八月二二日の明け方のことです。

同じ日、泰東丸《たいとうまる》と第二新興丸《しんこうまる》という引き揚げ船がやはりソ連軍の潜水艦の攻撃で沈められたり、大破させられたりしています。犠牲者は小笠原丸とあわせると二〇〇〇人を優に超え、その多くが女性や子どもだったといわれます。この悲劇はのちに〝留萌《るもい》沖三船殉難《じゅんなん》事件〟と呼ばれるようになりますが、日本の戦争の歴史のなかで忘れられている悲劇の一つです。

**遠藤**　その話はよく大人たちが話していて覚えています。だから私も小笠原丸という船の名前を憶えているのだと思います。

池上　大泊から稚内に向かう船のなかでなにか憶えていることはありますか。

遠藤　いえ、ほとんど憶えていません。ものすごくたくさんの人が詰め込まれたという感じと、稚内に着いたときに暗いトンネルみたいなところをずっと歩かされたということくらいです。

池上　北海道ではどのような伝手《つて》をたどられたのでしょうか。

遠藤　もともとは父の実家がある四国まで行く予定だったのですが、母は小さい子どもたちを連れていくのはむずかしいと考えたようです。引き揚げの時、親しくしていた魚屋のおじいちゃんがお世話をしてくださいましたが、その方が室蘭《むろらん》に行かれることになっていたようで、ひとまず室蘭の奥の黒松内《くろまつない》というところに落ち着きました。

佐藤　一歩間違えれば先生は生きていなかったのではないかと思います。もし、小樽に行く船に乗ってしまっていたらと考えると、まさに九死に一生を得たわけですね。

## 社会福祉の先駆者、留岡幸助《とめおかこうすけ》

**池上**　室蘭にいらっしゃったのはどれくらいですか。

**遠藤**　たぶん一カ月くらいだったと思います。そのころ、江別《えべつ》（現在の北海道江別市）に王子製紙の引き揚げ者は集まるようにという報道が連日新聞に出ていましたので、私たち家族は四国まで行かずに江別に落ち着いて、父の帰りを待つことになったのです。江別に移る前に父が送っていた五つの柳行李《やなぎごうり》（衣類などを入れるのに用いる物）の荷物も奇跡的に届いていて、その後の私たちの生活を助けました。

**池上**　江別のあとはすぐに遠軽に行かれたのですね。

**遠藤**　そうです。敗戦から二年たってようやく父が帰ってきました。王子製紙は財閥解体に伴い、父は王子造林株式会社という会社の社員となります。

**佐藤**　財閥解体とは、敗戦国の日本に進駐してきたGHQ（連合国軍最高司令官総司令部）によって、軍国主義の温床とされた三井や三菱《みつびし》などの大財閥が、たくさんの小さな企業に分割されたことをいいます。王子製紙もその対象となったのですね。

**遠藤**　はい。その王子造林の勤務地が最初にお話しした遠軽でした。昭和の初めにアメリカの長老派教会のピアソン宣教師が開拓したことで知られ、北海道の北東部の農村伝道の拠点でした。キリスト教の影響を受けたクリスチャン農民がとても多く、街の中央に教会があるようなところです。そこで私たち家族六人も暮らすことになったのです。

日本の社会福祉の先駆者ともいえる留岡幸助《とめおかこうすけ》（一八六四〜一九三四）が、一九一四（大正三）年に北海道家庭学校を開設し、独立自営ができる感化事業を始めたのも、この遠軽の地でした。

**佐藤**　留岡幸助は岡山県高梁《たかはし》市の出身ですね。同志社神学校に入って創立者の新島襄《にいじまじょう》の教えを受けます。『不如帰《ほととぎす》』で有名な小説家、徳冨蘆花《とくとみろか》と仲がよかったようです。

**遠藤**　留岡は一八歳のときにキリスト教の洗礼を受け、同志社を出たあと、一時期、京都の丹波《たんば》のほうで伝道をしたりするのですが、北海道に行き空知《そらち》集治監《しゅうちかん》（監獄）の教誨《きょうかい》師《し》になります。

**佐藤**　そこで留岡は非行少年に対する教育の重要性を痛感したのでしょう。一八九四（明治二七）年に渡米し、監獄や学校を訪れ、二年間、犯罪からの更生を学びます。この行動力が素晴らしい。

**遠藤**　三年間アメリカで感化教育の原理・原則、そしてその方法を学び帰国します。短い期間霊南坂《れいなんざか》教会の牧師をしますが、一年後、巣鴨監獄の教誨師となります。
留岡は、自分が思い描いていた感化教育をするために、一八九九（明治三二）年、三五歳のときに東京の巣鴨《すがも》に一人の子どもと一人の教師から家庭学校（現在の東京家庭学校）をはじめます。劣悪な成育環境のせいで非行や犯罪に走ってしまった子どもたちに、キリスト教の信仰を基盤に非常に科学的なケアをします。まず、きちんとご飯を食べさせるとか、子どもたちにどうやって寄り添うかとか、基本的なことですが、よく考えられた処遇をするのです。

**佐藤**　いまの自立支援の考え方に近いですね。というより、留岡幸助の考え方と行動が影響を与えたのだと思います。

## 法律に先駆けて感化院をつくる

**池上**　そうした見方は歴史的文脈でも明らかです。留岡幸助が巣鴨の家庭学校の事業開始のときには、内村鑑三《うちむらかんぞう》、小河滋次郎《おがわしげじろう》などの人たちの協力がありました。小河滋次郎は、のちに国立感化院（現在の武蔵野学院）の創設に尽力した人です。留岡幸助の感化院事業の考え方の根底には、昔の慈善問題は宗教と道徳をよりどころとしていたが、これからは学術を大いに関係させることを説き、自らの事業について「学術的慈善事業」をキーワードとして説いていました。

そして巣鴨の東京家庭学校は、一九三五年に高井戸（杉並区）に移転し、現在も児童養護施設として継承されています。現在の高井戸の東京家庭学校にも、巣鴨時代の創設期以来の多くの歴史的資料が保存されています。

**遠藤**　遠軽の家庭学校にも資料館があります。矯正協会は『留岡幸助日記』を一九七九年に出版しています。留岡の日記のオリジナルは手帳を横にしたサイズで左側が閉じてあって、右側から開くノートで、細かな読みづらい字でびっしり書かれてあります。編集作業をされた方は読むのがさぞ大変だったろうと思います。北海道家庭学校に行くと園長室の後ろのガラスのケースのなかにその日記がずらりと並んでいます。私も留岡幸助のことを書くようにという依頼を受けたことがありますがなかなか書けなくて苦しんでいました。先行する研究がたくさんあって躊躇《ちゅうちょ》していたのですが、その時、たまたま北海道家庭学校を訪問し、その日記を手に取って、どうぞ力をくださいっていってお願いしました。

留岡幸助はよく書く人でしたから、たくさんの著作のほかに『人道』という機関誌も発行していました。多忙だったにもかかわらず「厳しい自然が人を育てる」という考えのもと、東京の家庭学校は後進に任せて、かつて教誨師として自分が働いたことのある北海道で、理想とする北海道家庭学校をスタートさせたのです。

**池上**　一九〇〇（明治三三）年に「感化法」が成立しています。不良児童（八～一六歳）を施設（感化院）に収容して教育をし、矯正してから社会に戻すという目的でつくられ、全国の道府県に設置が義務づけられました。この「感化法」制定に尽力したのが先ほどの留岡幸助を支援した小河滋次郎です。小河滋次郎は、日本の監獄学、感化教育の体系を確立する先駆的な役割を果たしました。その後、「少年教護法」に改正され、戦後になり一九四七（昭和二二）年に同法に代わって「児童福祉法」が制定され教護院となりました。現在の「児童自立支援施設」という名称になったのは、一九九七年の児童福祉法改正によるものです。すなわち感化院はいまでいう「児童自立支援施設」です。個人ではなく社会が子どもの面倒をみる、社会で支えるという社会的養護という考え方が生まれたわけですが、留岡はいち早くこうした施設の必要性を認識し、実践しました。

## 生活の一部になっていた福祉と宗教

**佐藤**　遠藤先生が留岡幸助ゆかりの地で子ども時代をすごされたことは、その後の生き方に大きな影響を与えたのではないかと思いますが。

**遠藤**　確かにそうだと思います。北海道家庭学校の副校長をされていた鈴木良吉《すずきりようきち》先生の娘さんが私の同級生で親友だったこともあり、家庭学校は私にとって身近な存在でした。この時期、北海道家庭学校は男子の教護院（現在の児童自立支援施設）でした。家庭学校は大きな寮のようなところで過ごす大舎制といわれるものではなく、少し大きめの家のような小舎制の施設でしたので子どもたちは職員の家族と一緒に生活をしていました。だから、親友の家に遊びに行くと、いがぐり頭の少年たちと一緒に食事をすることになります。おのずと私は子どもたちがなぜ親から離れてここで暮らしているのだろうかと考えるようになりました。

**佐藤**　なるほど。家庭学校の仕事、つまり福祉の仕事に大きな関心をもったわけですね。

教会に通い始めたのはいつごろですか。

**遠藤**　九歳のときから現在の日本キリスト教会の遠軽教会の日曜学校に通うようになりました。当時は新日基（日本基督《キリスト》教会、一九九五年に日本キリスト教会に改称）といわれていました。その教会の南義子《みなみよしこ》牧師は、婦人運動家としても著名な牧師の植村環《うえむらたまき》（一八九〇〜一九八二）のところで育てられた方です。

**佐藤**　ちょうど日本基督教会が日本基督教団から分離したころ（一九五一年）でしょうか。それで、洗礼を受けられたのはいつですか。ご両親は反対しませんでしたか。

**遠藤**　高校一年生のときだったと思います。父も母もまったく反対しませんでした。というのも、両親も遠軽教会ですでに洗礼を受けていました。私どもの家族にとって教会が生活の一部になっていたのです。父や母も、敗戦の精神的なダメージが相当大きかったのだろうと思います。

**佐藤**　じつは私も日本キリスト教会の出身です。京都の吉田教会で洗礼を受けています。

**遠藤**　そうなんですか。植村環さんの説教集を読むと、教会生活の仕方がいろいろ書かれています。私は子どものころ、よく母から「教会に行くのだから、今日はちゃんと新しい下着を着ていきなさい」といわれたのですが、植村さんの説教集のなかにも「きちっと身を清くして礼拝をする」とあります。「ああ、そうか、私はこういうふうにして育てられたのだ」と思いましたけれど、そういう厳しさはありました。

**佐藤**　訓練が非常に厳しいところですからね、新日基は。

**遠藤**　はい。価値観として勤勉を非常に重視します。遠軽は夏の日照時間が短いので、一日一日がとても貴重です。ですから、クリスチャンではない農家の方たちは、「こんなにいい天気なのに畑もしないで教会なんかに行って」と笑っていたようです。でも、結果的にはクリスチャンはとても勤勉に仕事をするから、秋の収穫はかえって豊かだったそうです。農村伝道をされていた牧師さんが、「私のおやじは、よくそういって、クリスチャンの農家の人たちを励ましていました」といっていました。

**池上**　高校生になってキリスト教の洗礼を受け、そのころはすでに福祉の道に進もうと考えていたということですが、ご両親はそのことをどのように受けとめられましたか。

**遠藤**　両親はものすごく反対しました。社会事業というと家庭学校のことしか知りませんでしたから、娘にあんなに苦労の多い人生を歩ませたくないと考えたのだと思います。

## 清水安三《しみずやすぞう》が創立した桜美林《おうびりん》大学

**佐藤**　地元の高校を卒業したあと、進学されるわけですけれども、桜美林短期大学の英文科に決めた理由は何ですか。キリスト教主義の学校だったことが理由かもしれませんが、キリスト教主義の学校は北海道にもありますし、そもそも福祉系の大学に進学しようとは思わなかったのですか。

**遠藤**　正直にいえば、私は北海道の田舎におりますし、情報のない時代ですから、どの大学に行けば社会事業が学べるかわからなかったのです。あとで調べてみると、一九五〇年代のなかごろ、社会事業を学べたのは日本社会事業短期大学、大阪社会事業短期大学（当時）、それから名古屋の中部社会事業短期大学（一九五七年に日本福祉大学に改組）と仙台の東北福祉短期大学（一九六二年東北福祉大学に改組）くらいしかありませんでした。同志社、立教、明治学院、関東学院などの私大でも社会事業を教えていたようですが。

どの大学を受験するかはともかく、まず両親を説得しなければなりません。どうしたらいいかと考えたとき、社会事業はまだ日本では普及していないからアメリカに学ばなければならない、そのためには英語を勉強する必要がある、英語の勉強をしたいといえば両親も許してくれるのではと思ったのです。

桜美林に決めた理由は、南牧師から代わられた山下操六《やましたそうろく》牧師が「清水安三《しみずやすぞう》が桜美林という大学をつくって学生を募集している」と両親に勧めたからです。

**佐藤**　正面突破を図らずに迂回《うかい》作戦をとったのですね。賢明ですし、結果的にもよい判断だったと思います。というのは、桜美林大学は教育内容が非常によいからです。創立者の清水安三（一八九一～一九八八）は、教育者や牧師という枠に収まらない立志伝中の人物です。

**遠藤**　清水は琵琶湖畔《びわこはん》（現在の滋賀県高島市）の生まれで、旧制膳所《ぜぜ》中学のときに、滋賀県立商業高等学校（現在の滋賀県立八幡《はちまん》商業高等学校）の英語教師として来日した、アメリカ人のウィリアム・メレル・ヴォーリズに出会い、それがきっかけでクリスチャンになった人です。ヴォーリズは建築家でもありましたので、有名な建物がたくさん現存していますが、メンタームの近江兄弟社《おうみきょうだいしゃ》をつくった実業家でもあります。

佐藤　清水は留岡幸助と同じく同志社大学の出身です。しかも神学部ですから私の大先輩にあたります。

遠藤　一九一七（大正六）年に宣教師として中国に渡るのですが、旱魃《かんばつ》で飢餓《きが》に苦しむ子どもを収容するための施設をつくって助けます。それだけではなく、一九二一（大正一〇）年、北京のスラム街といわれていた朝陽門外に崇貞《すうてい》工読女学校（のちの崇貞学園）という学校を設立し、中国、朝鮮、日本の貧しい子どもたちに分け隔てなく教育を始めます。

佐藤　ところが、その三年後にアメリカのオハイオ州にあるオーバリン大学に留学してしまう。このあたりも留岡同様、自分が学ぶことに躊躇しないわけですが、桜美林という校名はオーバリン大学にちなんでつけられたものだそうですね。

遠藤　そう聞いております。単純な語呂合わせですが、当時の校舎のまわりには本当にたくさんの桜があり、オーバリンの響きを桜美林の漢字にしたようです。私たちはオベリンカレッジといっていました。

「詮方尽《せんかた》くれども望みを失わず」

**遠藤** 清水は妻の美穂と一緒に中国に渡ったのですが、美穂は子ども三人を残して亡くなってしまいます。困りはてた清水は、自分と同じ時期にオーバリン大学に留学していた小泉郁子《こいずみいくこ》（一八九二〜一九六四）に、誰か適当な後添えの人を探してくれるように頼んだのです。小泉郁子は東京高等師範学校（現在のお茶の水女子大学）の出身で、そのころは青山学院で教えていたようです。そうしたら郁子が「私でよければいきます」といって、一九三六（昭和一一）年に二人は結婚したのです。学生の頃このようにきいていました。

清水安三は情の人でしたが、郁子はとても頭のいい人でした。中国語をあっという間にマスターして経営の能力も相当ある方だったそうです。だから、郁子が中国へ渡ってから崇貞学園が急速に大きくなったのです。郁子と一緒になったからこそ、清水もあれだけの仕事ができたのだと思います。

**佐藤** たしかに桜美林学園も夫婦の力でつくったものですからね。二人あわせた馬力は、ただならぬものがあります。

清水は日本の敗戦を中国で迎えるのですが、それまで中国で自分がやってきたことがすべて否定されてしまう。無一文になって日本に戻ってきて、でもやっぱりいちばん大事なのは教育だと思いいたるわけです。

その教育とは、過去に対する強い反省に基づくものだったと思います。隣国同士が争いを繰り返すことがないように、世界の未来を担う子どもたちにきちんとした教育をしなければならないと考えた。同時に、社会事業をあわせて行おうと考えたのではないでしょうか。

**遠藤**　戦後、清水夫妻がリュックサック一つ背負って日本に引き揚げてきて、神田の街を歩いていると、社会運動家の賀川豊彦《かがわとよひこ》（一八八八〜一九六〇）にばったり出会ったそうです。「おお、清水くんじゃないか、いやあ、いつ引き揚げてきたんだ。これから何をするんだい」と訊《き》くので、「農村に学校と教会をつくりたい」といったそうです。すると、「あっ、そうか。それじゃGHQ（連合国軍最高司令官総司令部）に頼んでみようか」ということになったのです。

**佐藤**　GHQは連合国軍とはいうものの、当時、実質的に日本を統治していたアメリカの管理下にあり、その力は絶大でした。

**遠藤**　それで賀川豊彦の口利きで、東京都南多摩郡忠生《ただお》村渕野辺（現在の町田市常盤《ときわ》町）に造兵廠（軍需品を製造したところ）の廃墟のようになっていた工員の寄宿舎五棟を借りうけることで桜美林ができたのです。私もその建物で学んだのですが、清水はよく自らの歩みを、「詮方尽くれども望みを失わず」（コリント人への第二の手紙4―8）という聖書の言葉を紹介して、どのような困難があっても神を信頼し、努力することの大切さを教えてくれました。

じつは私たちの卒業式の当日、講堂のある建物は火事になって講堂や図書館があった部分が焼けてしまったのです。卒業生が答辞を読んでいたら、講壇の後ろのほうから煙がボーと出てきて、「火事だ」と叫びながらみんなで大急ぎで図書館から本を運び出しました。

あたりがすっかり薄暗くなったころ、焼け跡に立った清水が腰に荒縄をして「桜美林はこれからもう一度やり直す。おまえたちも、それぞれのところでがんばれ、神様がちゃんと導いてくれる」といって送り出されて私たちは卒業したのです。

池上　賀川豊彦は神学校に学び、キリスト教の隣人愛を中核的な教養としつつ戦前はセツルメント運動（セツルメント運動については後述します）を中心に活動するなかで、資本主義で生じる社会問題解決のために社会主義国家ではなく協同組合国家を実現しようと考えました。一九二一年に神戸販売組合（後の神戸生活協同組合）を設立するなど、今日の生協や農協の基盤となる実践活動により日本の福祉に大きな影響を与えた人です。賀川豊彦はこうした実践活動と同時に教育と結びつくところでも活動していたのですね。

## 日本社会事業大学に編入学

佐藤　桜美林在学中は、将来の職業についてはどんなふうに考えておられましたか。

遠藤　社会事業の仕事をしたいという気持ちは変わりませんでしたから、「アメリカに行って勉強するためにもまずは英語をしっかりやろう」と考えていました。そんなときに、日本社会事業大学ができたという記事が新聞に載りました。それを見て「あっ、私はここで勉強すればいいんだ」と思ったのです。「何もアメリカに行かなくてもいいんだ、ここへ入ろう」と決めたのです。

ところが、日本社会事業大学は厚生省（当時）が予算を出している準国立みたいな大学で、まだ予算がついただけで開校は来年だというのです。一年間、遊んでいるわけにもいかないと思っていると、同じ場所に専門学校の日本社会事業学校研究科というところがあり、短大卒で入学資格があることがわかり、そこを勧められたものですから、試験を受けたところ、幸い合格しました。

日本社会事業学校には、さまざまな背景を持った人が勉強していました。大学や専門学校を卒業した人や、自治体から福祉関係の仕事をするために派遣されてきた人、すでに社会福祉の現場で働いている人など年齢もさまざまでした。そこで一年間勉強し、一九五九（昭和三四）年四月に日本社会事業大学の三年に編入学しました。

**池上**　そのころから本格的に社会事業の勉強を始められたのですね。

**遠藤**　そうです。ただ、日本社会事業学校の研究科に、国際基督教大学（ＩＣＵ）の卒業生の河田《かわだ》達郎《たつろう》さんという方が勉強に来ていました。河田さんは深川でセツルメント活動をされようとしており、河田さんに誘われて、最初はボランティアとしてお手伝いをしました。河田さんは深川平久《へいきゅう》町（現在の江東区木場六丁目）で開拓伝道をされていた深川伝道所（現在の日本キリスト教団深川教会）を拠点としてセツルメントをはじめておられました。この深川との出会いはその後の私の歩みに大きな影響を与えることになったと思います。日本社会事業大学への編入を機に深川に転居してからは、半ば専従のようにセツルメントにかかわるようになりました。そのため、なかなか学校へはいけませんでした。

**池上**　セツルメントは支援者が貧しい人々の住む地域に定住して、生活向上や社会活動への参加を促す活動で、一八八四年にイギリスの学生がロンドンの当時のスラム街、イーストエンドで行ったのが最初といわれています。日本では、大正時代にセツルメント活動が展開されていきました。キリスト教系としては石井十次《いしいじゅうじ》による孤児養育事業から展開した「石井記念愛染園」、仏教系では長谷川良信《はせがわりょうしん》による「マハヤナ学園」などがあります。日本におけるセツルメントは「隣保事業」と訳され、日本的な隣保相扶《りんぽそうふ》（近隣の家々が相互に扶助するべきという考え方）に立脚した事業として展開していきました。

## 深川のセツルメント活動へ

**遠藤**　私は朝鮮、韓国の人々のことを考えると、心の奥がうずくような気持ちになります。それは一九五八（昭和三三）年に初めて深川塩崎町《しおざきちょう》（現塩浜町《しおはまちょう》）へ行ったときの驚きが今も鮮明で、それ以来在日の韓国・朝鮮の方々のことが忘れられないからです。一九五六年、国は一九六四年の東京オリンピックのために、浅草や亀戸《かめいど》あたりのガード下とか橋の下とか、そういったところにいた朝鮮半島出身の人たちを強制的に立ち退かせ、塩崎町のまだ番地もないような埋め立てしたばかりのところへ連れていき、バラ線（有刺鉄線）を張って、収容したのです。

その数は二〇〇〇人ほどにもなり、バタ屋（廃品回収業）をして暮らしを立てていました。日本人も二割くらいいたといわれますが、そこが火事になって、教会の人びとは初めて「教会の近くにそんなところがあったんだ」と知って、かかわるようになったのです。深川伝道所というのは牧師の熊澤義宣《くまざわよしのぶ》（一九二九〜二〇〇二）さんが一九五六年に塩崎町に隣接する深川平久町にキリスト教の伝道所を開いて伝道活動を始めたところでした。

**池上**　戦前、韓国併合により日本の植民地となった朝鮮から「内鮮融和事業」により、たくさんの人たちが日本に職を求めてわたってきていました。一九三〇年代になり戦時体制が進むと全国各地に協和会という組織が作られ、戦争が終わってもそのまま日本で暮らしている人が多かったですね。

**遠藤**　そうです。教会に来る人はいわゆる日銭で生きている人たちです。その人たちにすれば、教会に行けば優しく声をかけてくれるし、自分たちは受け入れられているという感じがしてくるわけです。そのような人たちと日々接しているうちに熊澤牧師は、これは教会だけで済まない、もっと社会的なサポートが必要だと考えるようになります。そういうことを専門的に誰かがやらなければいけないと感じていました。

熊澤牧師は国際基督教大学で宗教学の助手をしていたのですが、たまたまセツルメントに関心を持っている学生がいたので、声をかけた。それが先ほどお話しした河田達郎さんでした。その河田さんに今度は私が声をかけたのですが、河田さんも私も同じクリスチャンでしたから、一緒にやってみようと思ったのです。

たまたま高校生の頃、ラジオで明治時代から日本の貧しい子どもたちのための幼児教育やその家族のために社会事業を続けている、二葉保育園の様子を徳永恕《とくながゆき》（一八八七〜一九七三）さんがお話しになったことを憶《おぼ》えていて、やってみたいと私の背中を押したと思います。

**池上**　徳永恕は野口幽香《のぐちゆか》（一八六六〜一九五〇）と森島美根《もりしまみね》が一九〇〇（明治三三）年に創立した、東京で初めての幼稚園、二葉幼稚園を創設し、一九一六（明治三九）年には内務省より優良救済事業として認識されたこともあり「二葉保育園」と改め事業を継続しました。また、野口幽香は戦中から戦後にかけて皇后への修養講話御進講を行い、そこでは聖書について語り、敗色濃い日本へ戦争終結を進言するという皇室との関わりもありました。

**遠藤**　ラジオで徳永は、二葉保育園が貧しい子どもたちのために仕事を始める経緯と、園の様子を語っていました。それを聴いて、家庭学校のようなところだけではなく、社会事業にはこんな仕事もあるのだと思っていました。私も貧しい人たちのために仕事をやってみたいと思って、お手伝いを始めたのです。

それから五〇年後に私がその二葉保育園の理事長という大役を務めることになるとは、

そのころはもちろん思ってもいませんでした。

## スラム街での過酷な子どもたちの暮らし

**池上**　遠藤先生がセツルメント活動を行った深川は、戦後の福祉行政の光がなかなか届かなかった地域だと思います。より具体的にはどのようなところだったのでしょうか。

**遠藤**　まさにスラム街でした。なにしろ上下水道がないわけですから、雨が降ると道がぬかるんでずぼずぼと靴が泥水のなかに浸かってしまいます。だから、いつも長靴を履いていないといけない。乾燥して風が吹くと、今度はもうもうと土埃《つちぼこり》が立って目もあけていられない。街の中は不衛生でものすごい臭いがします。後年、インドのムンバイのスラムにいった時、同じ匂いがして懐かしさを感じました。

**佐藤**　いまは高層マンションが林立して、まったく異なる光景になっていますね。

一九一〇（明治四三）年に日本は当時の大韓帝国（韓国）を併合し植民地にしました。日本の植民政策によって農地を奪われた多くの朝鮮人が、職を求めて宗主国の日本に渡りました。その数は、昭和初期（一九二〇年代半ば）の時点で三〇万人を超えていたとみられます。

この朝鮮人の多くが土木工事や道路の修繕などに従事したのですが、今風にいえば長時間労働、低賃金の派遣社員やブラックバイトのようなものです。炭坑夫や工場労働者として働く朝鮮人も多かったのですが、賃金は日本人労働者に比べて二、三割安かったようです。

一九一九（大正八）年、朝鮮で三一《さんいち》独立運動が起きます。三月一日に京城《けいじょう》、いまのソウルで始まった抗日・独立運動は五月ころまでに全土に広がりますが、日本はこれを武力で鎮圧します。

日本人には植民地支配に由来した朝鮮人に対する優越意識と蔑視の感情が当時だけではなく、いまも根強く残っています。その端的なあらわれが現在の在日朝鮮人に対するヘイトスピーチです。

一九二三（大正一二）年の関東大震災直後の朝鮮人虐殺は、そうした差別意識とその裏側にあった日本人の朝鮮人に対する恐怖心が引き起こしたものといえます。

第二次世界大戦で日本が負け、朝鮮は日本の植民地支配から解放されますが、米ソを中心とした東西両陣営のイデオロギー対立の結果、大韓民国と朝鮮民主主義人民共和国（北朝鮮）に分かれた南北の分断国家となります。

朝鮮戦争が始まると、同じ民族でありながら異なる二つの国家として両国は壮絶な戦いを繰り広げました。一九五三（昭和二八）年の停戦後も朝鮮半島の状況を反映して日本で暮らす在日朝鮮人の人たちも、北朝鮮、つまり朝鮮総連（在日本朝鮮人総連合会）系の人たちと、南の韓国政府を支持する民団（在日本大韓民国民団）系の人たちの間で対立が生まれ、緊張状態が続いていたわけですね。

**遠藤**　そうですね。深川の塩崎町では、千住《せんじゅ》近辺から移ってきた朝鮮総連系の人たちと浅草や亀戸あたりからやってきた民団系の人たちの集団が最初は相いれないという感じでしたが、次第に住み分けるようになっていきます。

そういうところで、子どもたちと一緒に遊んだり勉強を教えたりしたのですが、いつの間にか姿が見えなくなってしまう子どももいます。それから、北朝鮮に帰っていった子どもが結構いました。

**佐藤**　ちょうど北朝鮮への帰国運動が始まったころですね。一九五九（昭和三四）年に北朝鮮と日本の赤十字社の間で在日朝鮮人帰還協定が結ばれ、多くの在日朝鮮人が北朝鮮に帰国しました。社会主義国の北朝鮮が理想の国家であるかのような宣伝がなされていましたから。

**遠藤**　塩崎町で暮らしていた子どもたちは、将来、高校に行けるなんて誰も思っていませんでした。そんな子どもたちが、「北朝鮮に行けば高校にも行ける」、「私はバイオリンを習いたい」などと、うれしそうに話していました。そして、北朝鮮へ帰っていったのです。

**池上**　ところが、実際に帰国してみると理想とはほど遠い国で、大変な苦労をされる方が多かったのですね。

**遠藤**　それをずっとあとになってから私も知って、あの子たちはどうしているのだろうと指折り数えて、ああもう四〇代になる、ああもう五〇代になる、いま会っても顔もわからないだろうなとか、いろいろなことを思うのです。そんなこともあって、やはり韓国、朝鮮の問題は、今も私にとって逃れられない課題です。

**佐藤**　塩崎町のスラム街には日本人が二割ほどいたということですが、どういう人たちでしたか。

**遠藤**　本当に貧しくて、行き場がないという人たちでした。そこから出ていくと、あとは、どこかで野垂《のた》れ死ぬしかない、そんな人たちだったのです。

## 圧倒的な現実を前にしてわかったこと

**池上**　遠藤先生は先ほど、東京オリンピックのために朝鮮半島出身の方が深川の埋立地に強制的に集められたとお話しになりました。二〇一二（平成二四）年のロンドンオリンピックのときには、イーストロンドンにあったスラム街をオリンピック会場にして住民を一挙に移動させました。オリンピックのような国家的行事と社会事業はリンクしていると考えますか。

**遠藤**　北京オリンピック（二〇〇八年）のときだってそうだったわけでしょう。オリンピックの開催が決まってから、メインスタジアムの「鳥の巣」の近くや北京市内にいくつもあった古い住宅地が一掃されたそうです。

東京オリンピックによって国際社会の表舞台に立とうとしていた当時の日本政府にと

って、社会の最底辺で生きる朝鮮人の人たちは隠しておきたい存在だったのでしょう。それを実証することはできませんが、でも、そうでなかったらなぜ朝鮮の出身者ばかり集めるのか、不思議ですよね。国家というのは何かを言い訳にして意図する目的を果たそうとしているようにしか思えません。

とにかくあのころ、最後の最後に行き着く場所のようにして塩崎町に転がり込んできたのではないかと感じました。バタ屋の拾い子になって屑《くず》を拾い集め生きている、そういう人たちに出会って、私は衝撃を受けました。

たくさんの世帯のなかに水道がたった一本しかない、蛇口から水が出てこないから蛇口のホースから吸わないと水が飲めない、お風呂もあるけれど、どろどろに汚れたお湯、窓のない埃だらけの拾い子の部屋、むきだしの綿だけの布団、そんなところで暮らしている。人間はそういうところでも生きている。私はこの現実に今までの価値観を根底から揺り動かされました。

歴史的にも政治的にも複雑な背景を持ち、経済的な困難を抱えて生きている人たちが、自分の力だけでこの困難な状況から抜け出すのはとてもむずかしい。私たちがいくらセツルメント活動を続けても何も変わらないわけです。ザルで水をすくうようなむなしさのなかで、「ああ、社会事業の仕事はこのむなしさと向きあって生きるということだ。何かの結果を求めるという考えではこの仕事は続かない」ということが、ストンとわかったような気がしたのです。目の前の圧倒的な現実が私を突き動かすと同時に、その現実との向き合い方を学んだのではないかと思います。

どんな仕事でも、私たちは成就感や達成感を求めますが、このころの私は、仕事を通して自分が満たされるという充実感よりも、この仕事を担い続けなければならないという思いのほうが強かったように思います。そのくらい現実は厳しいものだったのです。

私には、この人たちの悲しみや苦しみは決してわからないかもしれないけれど、この人たちが苦しいとき、悲しいとき、淋《さび》しいとき、この私をうまく使ってもらえるような人間になりたいと思いました。この思いはいまも変わりませんが。

**池上**　セツルメント活動はどのくらい続けられましたか。

**遠藤**　五人の仲間でやっていたのですが、財政的な問題、南北朝鮮の関係に左右される在日の方々の複雑な問題に対応できないこと、民族教育を受けた子どもたちがセツルメントの活動から離れていくことなど、何の力もなかった若者たちでは継続できなくなり、教会に事後を託して二年で活動が終わりました。私も二年で深川を離れ、大学に戻りました。その間、日本社会事業大学の仲村優一《なかむらゆういち》先生の言葉に支えられたのは前にお話ししたとおりです。

## 失意のなかで新たな決意

**池上**　大学を卒業されたあとの進路はどのように考えていましたか。

**遠藤**　いくつかの選択肢がありましたが、深川でのセツルメントが長く続かなかった原因の一つは自分たちの未熟さにあったと自覚していたので、歴史のある活動に関心を持っていました。そこで、学校に求人があった愛恵《あいけい》学園に就職しました。

**池上**　愛恵学園ではどのような仕事をされましたか。

**遠藤**　愛恵学園はアメリカのメソジスト教会から派遣されたミルドレッド・ペイン宣教師によって一九三〇（昭和五）年に足立区本木町（当時は西新井《にしあらい》村）に開設されたセツルメントで、幼児保育を中心に地域の生活向上のための活動を行っていました。私が就職した時は設立後、戦争をはさんですでに三〇年くらいたっていました。幼稚園や二・三歳児のためのナースリー、児童クラブ、子ども図書館、青年会、乳幼児健診等の事業をしていました。私は児童クラブのスタッフでした。近くにあったバタ屋街の子どもたちの支援も行っていたのですが、直接私の担当ではありませんでした。

私は折にふれてバタ屋街に出かけていき、子どもたちを誘って愛恵学園の広い庭で遊んだり、子どもたちの家族の様子も垣間《かいま》見ていました。しかし、愛恵学園は特にその地域の課題に取り組むということもありませんでした。創設期には地域の貧困問題にも果敢に取り組んでいた歴史もありましたが、戦争を挟んで地域も変わり、事業の対象がバタ屋街から離れていました。愛恵学園は私が描いていたセツルメント活動とはほど遠いものでしたので、ミス・ペインが定年でアメリカへ帰国するのを機に、一年と五カ月で退職しました。

**池上**　学園の活動が想像していたものとは違っていたのですね。

**遠藤**　残念ですが、そうでしたね。私が退職をすることを知ったバタ屋街の子どもの三人の母親が、ある日訪ねてきました。そして、「これを先生に」といって、きれいなピンクの洋服を着ているフランス人形を、私の前に差し出したのです。

私は呆然《ぼうぜん》としました。彼らのために何もできなかった自分が情けなくて、悔しさで涙が止まりませんでした。同時に、私はバタ屋街に住む人びとにとってこの人形のような、自分たちとはかけ離れた存在だったのではなかったのか、と強い衝撃を受け、どうしたらこの人たちと同じフロアに立てるのかと、自分を養う新たな課題に気づきました。

そして、いまはこの人たちのために何もできないけれども、貧しさのなかで生きる人たちのことを決して忘れることなく、何時もこの人たちの隣に立ち続けられる者として生き続けようと固く心に誓いました。

**池上**　フランス人形を先生に渡した三人の母親たちは、先生のことを決してかけ離れた存在とは思っていなかったと思います。むしろ、先生がバタ屋街で子どもたちとふれあうことをつづけているなかで、母親たちは自分の子どもと先生との間に行きかうもののなかに今までに体験したことのない、新しい大切なものを感じたのではないでしょうか。それがフランス人形というものに託されて先生にプレゼントされたような気がします。もし先生がかけ離れただけの存在でしたら、決してフランス人形を渡そうとはしないでしょうから。

## 戦後の社会福祉の夜明け

**佐藤**　お話を伺っていて遠藤先生にかかわりの深い徳永恕もそうですが、留岡幸助も清水安三もキリスト教徒です。明治以降の社会福祉の担い手は、この三人のようなキリスト教徒や仏教徒などの宗教家や賀川豊彦のような社会運動家、それに富を蓄えた企業家や富裕層の篤志家でした。

宗教家や社会運動家の活動を篤志家がパトロンとなって資金援助することでさまざまな活動が行われ、生活困窮者や病人、障害者などの今日でいう社会的弱者を救済してきたわけです。つまり、民間の慈善事業に頼っていました。国がそうした活動に積極的にコミットするのは明治の終わりから大正期にかけてで、慈善事業ではなく社会事業と呼ばれるようになります。

戦後になると、社会福祉の法的整備が進みますが、遠藤先生が大学で福祉を学び、スラム街でセツルメント活動に携わっていたころはどんな状況だったのでしょうか。

**遠藤**　私が学生だったのは戦後十数年が過ぎたころでしたが、当時はまだ、一九四六（昭和二一）年に制定され五〇年に改正された生活保護法、四七年制定の児童福祉法、四九年制定の身体障害者福祉法、そして少し間をおいて六〇年に制定された精神薄弱者福祉法（現在は知的障害者福祉法）の、四つの法律しかありませんでした。

　そのあと、六三年に老人福祉法ができ、さらに、六四年に制定された母子福祉法（現在は母子及び寡婦《かふ》福祉法）を加えたいわゆる社会福祉六法の体制ができあがります。

　ですから、戦後になって矢継ぎ早に法律がつくられ、ようやく福祉制度ができ始めた時代で、社会福祉事業の中心は生活保護法でした。福祉事務所に実習に行っても、生活保護の勉強をすることが圧倒的に多かったと記憶しています。

**池上**　一九四六年に大日本帝国憲法に代わって日本国憲法が公布され、すでに遠藤先生と佐藤先生のお話にあったように、憲法の第二五条に、生存権、つまり人として生きる権利が規定されます。この憲法の理念に基づき、社会福祉のためのさまざまな法律がつくられました。戦争による混乱と窮乏のなかで十数万人ともいわれている戦災孤児、海外からの引き揚げ孤児に対する緊急保護が大きな課題となり、一九四五年には「戦災孤児保護対策要綱」が出されました。そして一九四七年に児童福祉法が制定され、現在の児童養護施設が制度化されました。この児童福祉法は、日本で初めて法律に「福祉」の名がついたものでもあります。

**遠藤**　そのとおりですが、まだ戦争の影が色濃く残っており、児童福祉の分野は圧倒的に戦災孤児が保護の対象でしたし、保育所もまだ三歳児以上が対象で、三歳児保育は珍しかった、そんな状況ですね。

身体障害者福祉法が案外早くできたのは、戦争によって傷ついた傷痍《しょうい》軍人は、それまでは軍事扶助法などの法律で特別に扱われていたのですが、ＧＨＱの非軍事化政策が厳しくて特別扱いはできなくなり、一般の身体障害者として扱うことになったためです。それほど戦争で傷ついた人は多くいたのです。

**池上**　私も小学生のころには、大きなデパートのそばでアコーディオンを弾く人と傍に座っている人の姿を見たことが、今も心に残っています。なぜ消えることなく、心に残っているのか。当時は、子どもで茫漠《ぼうばく》としていましたが、いまになってみると、戦争という歴史のなかの出来事という形でしか知らなかったことが、実は名も知らぬ人にとっては、一生背負っていかなければならないような苦しみになっていることなのだということを、言葉を超えて子どもの心に突き刺さっていたのではないかと思います。

**遠藤**　そういうことがまだまかり通っていた時代だったのです。いちばん日が当たらなかったのは精神障害者だったのではないでしょうか。精神障害者に対する偏見は強く、座敷牢《ざしきろう》のようなところに入れられているのを発見されることもよくありました。障害者自身も自らの権利を主張もできず、恩恵として福祉が与えられる、そんな時代だったと思います。

## 大学で学んだ福祉の理想と現実

**池上**　一九五六（昭和三一）年の経済白書は「もはや戦後ではない」と戦後日本の復興をアピールします。つまり戦後は終わったと宣言しました。しかし先程の傷痍軍人の話にもあるように、戦争の傷跡が癒えていない人も多く、福祉行政も憲法の理念を十分に反映しきれなかったところがあったのですね。

**遠藤**　そうだと思います。しかし、日本社会事業大学で学んでいるときに私が感じたのは、教員たちが大きな使命感を持って戦後の社会福祉制度をつくりあげようと奮闘していることでした。

国立岡山療養所に入所していた重症結核患者の朝日茂《あさひしげる》さんが、生活保護法に基づく生活扶助の金額が低すぎて憲法で保障する「健康で文化的な最低限度の生活」ができないとして、五七年に厚生大臣を相手に訴訟を起こしました。この「朝日訴訟」は、憲法第二五条の本質を問うものでした。

日本社会事業大学の小川政亮《おがわまさあき》先生が証人に立っていたこともあって、私たち学生も裁判に大きな関心を持っていました。夏休みに西の方に帰省する学生が、岡山療養所に立ち寄って朝日さんにカンパを届けたりするのです。すると、朝日さんから「日本社会事業大学四年生の皆さんへ」というお礼のハガキが届きました。療養所に行った学生から直接報告を受けることもあり、権利としての社会保障、生存権というものがいかに大切かを学んだように思います。

それから、戦前・戦中・戦後を生きてきた方たちが教員でしたから、社会事業がアメとムチのように使われていたことを明確に教えてくれました。

それは社会福祉の歴史の中で、戦中あたりに顕著に表れていたと思います。一九三〇年代は世界恐慌の影響を受けてわが国の経済も危機的状況に陥り、国民の窮乏が激しくなります。とくに農村の窮状《きゅうじょう》は激しく、村役場に「身売り相談所」という看板が出たり、親子心中が起こったり、都会では道端で物乞いをする者が多くいました。この状況を克服すべくアジア諸国へ目が向けられます。不幸にもそれが日中戦争から第二次世界大戦へと進んでゆくことになります。戦争の終わりまでの約一五年間は戦時体制になるのですが、この時期に社会事業から厚生事業と呼ばれるようになるのです。日中戦争開始とほぼ同時に「国民体力向上及び国民福祉の増進をはかるため」に厚生省が設置されます。戦時体制を維持するためには体位の向上が喫緊の課題だったのです。当時は先進国の平均寿命は六二歳を超えていましたが、日本は五〇歳を割っていたのです。その理由は乳児死亡、結核死亡と母性の保健状態の劣悪さによるものでした。厚生省はさまざまな対策を講じますがその一つとしてこの時、保健所をつくり保健婦さん（現在の保健師）が生まれます。乳幼児の愛育と母性の保護は大きな関心事で妊婦には定期健診はもとより物資が特別優先配給されたりしました。女性や子どもに手厚い保護がなされたとはいえ、人間を戦争体制を維持する人的資源として扱っていたことになるのです。私はちょうどこの時期に幼児期から小学生でしたので、丈夫に育てられて今も元気にしていますが。歴史を批判的に見る力は、そういう大学の授業のなかで養われたのだと思います。

### 共産主義の脅威からの防波堤となった日本

**佐藤**　いまのお話にあったように、社会福祉はその時々の社会情勢に大きな影響を受けます。そこで、ここで簡単に現代史のおさらいをしておきたいと思います。

敗戦直後の日本はアメリカ軍の爆撃によって国土のいたるところが文字通り焼け野原でした。産業も経済も壊滅状態で、東京や大阪などの大都市には住むところ、着るもの、食べるものがない人びとがあふれました。

第二次世界大戦後の世界は、アメリカやイギリスを中心とした資本主義（西側）陣営とソ連や中国（一九四九年に成立した中華人民共和国）を中心とした共産主義（東側）陣営に分かれて対立するようになります。これを冷戦というのですが、アメリカは日本を西側陣営に組み入れて共産主義がアジア諸国に広がるのを防ごうとしたのです。これが日本の復興に幸いします。

一九五一（昭和二六）年に日米安全保障条約と同時に締結されたサンフランシスコ平和条約によって主権を回復します。これは、アメリカが沖縄と小笠原諸島を信託統治領とし、米軍を日本本土に駐留させることを日本側に飲ませて、早期締結を図ったからです。しかし、実際には信託統治になりませんでした。信託統治だと国連が関与することになるので、それをアメリカが嫌がったからです。

その前年の五〇年に冷戦が熱い戦争に変わります。朝鮮民主主義人民共和国（北朝鮮）が大韓民国（韓国）に侵攻し朝鮮戦争が勃発します（五三年休戦）。北朝鮮側には中国人民義勇軍、韓国側には国連軍（アメリカ軍）が参戦し、日本はこの戦争の特需景気、つまりアメリカ軍の鉄鋼、繊維製品、トラックなどの需要が急増したことで軍需関連産業が息を吹き返し、敗戦の痛手から立ち直るきっかけをつかむのです。

一九五五（昭和三〇）年、自由党と日本民主党の保守合同によって自由民主党が結成され、左右両派に分かれていた日本社会党が統一し、保守と革新の政治勢力が対立する五五年体制と呼ばれた政治体制が確立します。

とはいうものの、五五年体制は実質的に保守一強体制で、自民党政権が約四〇年も続くことになります。さまざまな弊害も指摘されますが、これが政治の安定をもたらしたこともたしかです。

**池上**　一九六〇（昭和三五）年は日米安保条約の改定をめぐって政治が揺れた年でした。連日国会周辺で大規模なデモが繰り広げられ、六月一五日、学生と機動隊の衝突で東大生の樺美智子《かんばみちこ》さんが亡くなり、社会に大きな衝撃を与えました。

結局、新安保条約は成立しますが、岸信介《きしのぶすけ》首相は混乱の責任をとって退陣し、代わって就任した池田勇人《いけだはやと》首相が、一〇年間でGNP（国民総生産）を二倍にするという「所得倍増計画」を打ち出しました。

**佐藤**　そうです。六〇年代から七〇年代初頭にかけての高度経済成長は、当時の西ドイツと並んで「奇跡の経済成長」といわれました。一九六八（昭和四三）年にはその西ドイツを抜いて、アメリカに次ぐ世界第二位のGNP大国となります。

この間、東京ではオリンピックが、大阪では「人類の進歩と調和」をテーマに日本万国博覧会が開かれます（一九七〇年）。大衆消費社会が到来し、人々は物質的な豊かさを享受し、国民のほとんどが自分は「中流」だと考えるようになります。公害問題や沖縄の基地問題、ベトナム戦争などの問題を見て見ぬふりをしていただけなのですが、「明日が今日よりもよくなる」と素直に信じられた幸福な時代でした。

二度にわたる石油危機（一九七三年と七九年）もいち早く克服。『Japan as No.1』（一九七九年刊行、エズラ＝ヴォーゲル著）というアメリカの社会学者が書いた日本の経済システムや企業経営を絶賛する本も登場し、一九八七年に日本の一人当たりＧＤＰ（国内総生産）はアメリカを抜いて世界一になります。

一九八九（平成元）年末には、東証平均株価が三万八九一五円の史上最高値を更新し、いわゆるバブル経済がピークに達します。しかし、このときを境に舞台は暗転し、九〇年にバブルは崩壊し、以後、日本経済は失われた二〇年といわれる長い冬の時代を迎えます。

一九九五（平成七）年一月に阪神淡路大震災が発生、三月にはオウム真理教による地下鉄サリン事件が起き、社会の在り方を根底から揺さぶります。

二〇〇〇年代に入ると、少子高齢化による人口減少が現実のものとなり、東京一極集中と引き換えに、地方の衰退に拍車がかかります。二〇一一（平成二三）年三月一一日、マグニチュード九・〇の東日本大震災が発生、福島第一原発の一～三号機が炉心溶融を起こす未曽有の大惨事となります。そして、それから九年後の二〇二〇（令和二）年、コロナ禍という人間の文明そのものを問い直す新しい危機に直面しています。

## 児童福祉はどう変わってきたのか

**佐藤**　歴史についての説明が少し長くなりましたが、高度経済成長期から現在までの児童福祉行政はどのようなものだったのでしょうか。

**遠藤**　高度経済成長期から現在までは半世紀にもわたります。高度経済成長により国民の生活構図が大きく変わりますので、社会福祉のニーズも変化し、社会福祉制度も変化してきました。六〇年代高度経済成長を担ったのは多くの農村からの労働者でした。出稼ぎや中学校卒業後の集団就職により、都市へ人口が流入してきました。

農村での家族崩壊、都市では少年非行が増加していました。多くの労働者は核家族でも共働きをして生活を支えなければならず、保育所不足が深刻でした。また、歴史から学ばなければなりませんが、高度経済成長期の政策は経済成長が第一義的で、人間生活は第二という価値観で進められました。ここで見事にそのことが証明されたことがありました。公害問題です。森永ヒ素ミルク事件、四日市《よっかいち》や川崎のぜんそく、水俣《みなまた》病など、人間には危険であることを承知で、人間に有害な物質を使って生産をあげていったのです。その結果多くの人びとに取り返しのつかない悲劇をもたらしました。重篤《じゅうとく》な病や心身障害児の誕生もみました。一九六三年の児童白書は日本の子どもたちは「危機的状況にある」と書いてありました。児童養護施設の子どもたちの入所理由は戦後の戦災孤児・浮浪児から、家族の崩壊、貧困、放任、非行など養護児童の背景も異なってきました。

保育所問題はいつの時代も働く者たちの大きな関心事でした。この時期から各自治体が保育所を作るようになり、私立保育園の保育士(当時保母)は給与条件の良い公務員として採用される公立保育所へ移るようになり、私立保育園が保育士不足で困惑する状態でした。それでも公立保育所も増設にともない職員養成が間に合わず、地方の保育士養成校の卒業生を確保するために、各自治体では職員寮を建てて宿舎を確保しました。

二〇一七年度頃から始まった保育士の宿舎借り上げ費用の支援と同じことですね。

　保育ニーズは年齢的に限りなく低年齢に、保育時間は限りなく長時間に、入所理由は共働きという限定的なものから多様な理由が認められるようになってきました。まず、三歳未満児も保育するようになったのは六〇年代からです。ゼロ歳児からの保育が本格化したのは七〇年代からです。乳児保育の普及とともに病児保育の要望も大きくなりました。障害児も含めての統合保育が始まったのもこのころからです。

　親の生活に見あった保育を考えると、親の勤務時間の八時間と通勤時間とを合わせると、原則八時間の保育時間では不足するのは明らかです。親の窮状を見ていると時間延長の費用を徴収してでも親の必要に応えようとする保育園はいくつもありました。一九六七年四月に東京都に革新知事として就任した美濃部《みのべ》亮吉《りょうきち》知事がはじめて組んだ補正予算で、延長保育時間料を予算化したことを印象深く憶えています。これで親から徴収しなくてもよくなったと。その後、大阪、名古屋等も革新自治体になり、福祉行政の主体は各自治体であるという意識を育てたと思います。この時期の重要な変化は社会福祉で働く公立施設の職員と私立施設の職員の給与格差の是正のために大きくかじ取りがなされたことです。東京都は一九七一年からでした。ようやく人並みの給与をもらうことができるようになって、世の中の人も福祉の仕事を再認識するようになったと思います。

**佐藤**　これ以降の日本の福祉はおおまかにいって、どのようなかたちで進んでいくのでしょうか。

**遠藤**　保育所についていえば、一九八一（昭和五六）年に始まってほぼ一〇年続いた第二次臨調（臨時行政調査会）で土光敏夫《どこうとしお》会長が規制緩和をどんどんやりました。そのとき、保育所も幼稚園もこれ以上要らないという答申が出たのです。当時、保育所が定員割れしてやめるところもあったからです。いまでは考えられませんが。その理由は一言でいうと保育所が利用者の必要に応えていなかったからです。保育時間は原則八時間、産休明け、ゼロ歳児からの保育所は都内でも数カ所しかありませんでした。保育所は増えていましたが利用者のニーズに見あっていなかったのです。親たちが助け合って共同で子どもの面倒を見る「共同保育」という方法で苦境を乗り切っていた方々もいました。そのような知恵も力もないものたちは、必要に迫られて、ベビーホテルといわれる小規模の劣悪な環境の保育施設に頼らざるを得ませんでした。このベビーホテルが都市を中心に乱立することになったのです。

当時TBSの記者でその後に千葉県知事になられた堂本暁子《どうもとあきこ》さんが、ペットホテルと似たものかもしれないと思い取材したところ、そこにはたくさんの赤ちゃんがいることがわかり早速TBSで取り上げました。映像をともなった報道の力は大きいです。たちまち社会問題化したのです。国会の委員会にベビーホテルの映像が持ち込まれてそれを見て涙する議員もいました。

これまで、保育所の設置者や保育者は乳児保育や長時間保育は子どもにとって好ましいものではないと説明して、親たちの真のニーズに寄り添うことをしていなかったのです。紆余曲折《うよきょくせつ》はありましたが、この時期以降は保育所の役割をあらためて問いなおして、親たちの声にならない要求にも寄り添っていこうと努力するようになりました。保育園が地域の子育てセンターの役割も果たしていこうとしたのもこの時期からです。

現在も保育所不足は大きな社会問題です。しかし、この時期と今日の違いは保育問題が政治問題になったということです。首相が国会で取り上げるまでになったのです。

この背景にはわが国の少子化の進行に伴う労働力不足、すなわち女性の職場進出が必須であること、一方、女性の社会進出に伴う自己実現は当然であるとの認識が進んでいるために、乳幼児の養育は家庭だけではできなくなってきているといえます。この状態は今突然おこったことではなく以前からそうでしたが、長らく無視され、当事者に我慢を強いていたことが顕在化してきたのです。加えて、近年は共働きでなければ安定した経済生活が維持できなくなってきているのです。保育問題はいつの時代も多くの国民の関心事でしたし、これからもますます大きくなると思います。

**佐藤**　保育所のほかの児童福祉行政はどう変わったのでしょうか。

**池上**　戦後の経済復興から高度経済成長にかけての子ども家庭福祉施策の歴史的な変遷をみると、一九六一年「児童扶養手当法」、一九六四年「母子及び寡婦福祉法」、一九六五年「母子保健法」、一九七一年「児童手当法」が制定され、母子への支援が中心に展開されてきました。

一九八〇年代に入ると経済政策が低経済成長政策へとシフトされてきたことと、さきほど出てきました臨時行政調査会の答申を受ける形が相まって、福祉行政を国と地方とが役割分担をすることになりました。このことは、国家主導的な福祉から個人重視の福祉への改革が進められることを意味しました。それは福祉の利用者のニーズに沿う福祉サービスの選択という観点の導入とも相まって、いわゆる「措置」から「契約」へという、措置制度から利用契約制度への転換が図られていくことへとつながっていきました。一九九七年の児童福祉法の改正による保育所への入所措置制度が利用契約制度へと変更されたのを端緒に、母子生活支援施設、助産施設のみならず、高齢者福祉の領域では二〇〇〇年度の介護保険制度の導入、障害者福祉の領域では二〇〇五年の障害者自立支援法成立により、措置から契約へという動きが加速されてきました。

こうした動きのなかで、児童養護施設をはじめとする児童福祉施設は、現在も措置型施設として存在しています。その理由としては、児童養護施設などの児童福祉施設では子どもの権利を守るために法的な対応も不可欠であり、措置制度が重要な役割を果たし、利用契約ではなじまない側面が多いことが挙げられます。

また、この時期のわが国の児童福祉政策には、子どもの福祉をめぐる国際的な理念の動向がきわめて大きな働きをしています。ひとつは、子どもを権利の主体とする子どもの権利擁護の理念、もうひとつは児童福祉から子ども家庭福祉へという子どもの福祉の基盤として家庭の重要性の理念です。まず一九八九年に「児童の権利に関する条約」が国連で採択され、一九九四年に日本も批准しました。さらに、一九九四年には国際家族年として、「家族からはじまる小さなデモクラシー」という標語のもと、家族のなかで一人ひとりの人権が尊重されなければならないという理念が示されました。そして、わが国では二〇〇〇年に児童虐待防止法（正式には「児童虐待の防止等に関する法律」）が施行されました。そこでは、児童虐待は児童の人権侵害であることや虐待の定義が明記されました。そして、二〇〇四年には児童虐待防止法の改正がなされ、虐待の定義が広がり、家庭内における配偶者に対する暴力も虐待にあたるとする、いわゆるＤＶは心理的虐待に相当することや、虐待の通告義務の強化などが打ち出されました。

その後も二〇〇七年、二〇〇八年と児童虐待防止法および児童福祉法の改正が重ねられてきましたが、最も大きな変革は、二〇一六年の児童福祉法の改正です。この改正の特徴としては、児童が適切な養育を受け成長や発達を保障される権利の明確化、児童虐待への迅速・的確な対応の一環として児童相談所設置の拡大、具体的には中核都市や東京都の二三区特別区での設置を可能にしたこと、児童相談所の権限強化として弁護士配置や家庭への立入調査が裁判所の許可状により可能になったことなどがあります。さらに社会的養護の領域においては、家庭的養育のいっそうの推進を図るべく、特別養子縁組および里親養育の委託率の拡大および社会的養護の子どもたちの自立支援の強化などを柱として社会的養育ビジョンが出されました（社会的養護における里親委託拡大等については第3章でも取り上げます）。

このようにわが国の児童福祉行政には、国内の政治・経済的な動向のみならず、子どもの人権・権利擁護の理念を中核とした国際的動向とが交差しつつ検討され、反映されている側面があることがよくわかります。

## すぐれた福祉の担い手を育てたい

**佐藤**　困難な状況に置かれている子どもたちを助けるために政治家になって世の中を変えようと考える人もいます。先生が政治家ではなく福祉の仕事を選んだのはなぜですか。

**遠藤**　人間を変えるのは人間でしかないと思うからです。大学の教員になるきっかけも、すぐれた保育士に出会う子どもは幸せだ、子どもたちのことを本当に大事に思う保育士を養成したいと思ったからです。

社会運動家で一九二二（大正一一）年の日本共産党の結成にかかわった片山潜《かたやません》（一八五九〜一九三三）は、一八九七（明治三〇）年に日本で初めて神田の三崎《みさき》町でセツルメント活動を行ったといわれています。そこから労働運動に入っていくわけで、そんなふうにして社会運動家になっていった方もたくさんいます。

社会福祉は社会の矛盾に向き合いますから、片山潜のように、それを解決するときに社会運動家になったり政治家になったりする流れが一方にはあります。一方では宗教家になっていく方もいます。

私が仕事を始めたころがたまたま戦後の社会福祉制度が整備されていく時期にあたり、社会福祉の担い手という専門領域が確立し始めたときだったものですから、たまたまその枠のなかに入り込んだのかなとも思います。

**佐藤**　そういった巡り合わせが重要で、あとから考えてみると、道が敷かれていたのではないでしょうか。

**遠藤**　そうかもしれませんね。愛恵学園を辞めたあと、私立保育園の園長さんたちの組織である東京都私立保育園長会（のちの東京都私立保育園連盟）という団体の書記をしていたときでした。

年間の予算のなかで行事費をどれくらいにするかを相談し、鯉《こい》のぼりのワンセットがいくらで、うちは一〇〇人だからいくらいくらと積算していくわけです。ところが、ある園長さんが「うちはそういうできあいの鯉のぼりは買わない。さらしやポスターカラーを買ってきて、子どもと一緒に鯉のぼりの絵を描いて庭に揚げる」といったのです。

それを聞いて、「子どもの創造性は大人たちの考え方次第だ」と思いました。さらに、「子どもが幼いときにどんな保育士に出会うか、どんな理念を持った保育施設に預けられるかによって、子どものその後の成長や親の生活にもさまざま影響がある」ということに気づきました。

そして、先ほどいったように「すぐれた保育の専門家のなかで育つ子どもや家族は幸せだ、まずそういう専門家を育てなければならない」と思うようになり、保育士を養成する大学の教員になったのです。

すぐれた福祉の担い手を育てることも社会福祉の実践であり、福祉の現場だと私は思っています。福祉の対象になる人たちは深い傷を負ったり、深い悲しみを持った人たちですから、政治が少しくらい変わっても、力量のある福祉の専門家が現場にいなければ問題は解決しないのです。ただたくさんのサービスメニューを作ってもその人の必要を満たすように用いなければ意味をなさないと思います。

日本の社会福祉の支援がなかなか必要な人のところに届かないのは、専門職養成の仕方にも問題があると思います。社会福祉士や精神保健福祉士、介護福祉士の資格制度のための学校はたくさんつくられていますが、その学校のカリキュラムは資格のための受験科目が中心になっているところが多いのです。専門学校の場合はいたしかたないでしょうが、四年制大学でのカリキュラムの中には、社会福祉が大切にする価値や理念、人権思想や人権擁護の歴史などを学ぶ科目を設置してほしいと思います。この学習を土台にして、社会福祉の援助者としての力量をしっかり身につけるためには社会福祉現場における実習は欠くことのできない教育ですので、この実習教育の内容を充実した、援助者としての力量を育てなければなりません。社会福祉の専門教育は広範にわたっていますので、専門教育と受験科目との関連をいかに結びつけて教育するかはこれからも大きな課題です。社会福祉の専門教育が社会福祉の受験教育だけであってほしくありませんが、専門教育としての社会福祉の教育が試験につながっていくことは大切なことです。専門教育と資格制度の関係は医療の専門職養成課程や方法に学ぶところは大きいです。

## 各地の大学で福祉学科、学部を立ち上げる

**佐藤** 遠藤先生は保育団体の書記をされたあと、大学の教員になるわけですね。

**遠藤** その前に、東京YWCA専門学校から社会福祉科を開設するので手伝ってほしいといわれ、三年ほど教員兼教務担当者のような仕事をしました。

私は初めて教えるという立場になって、学生に何をどう伝えたらよいのか戸惑うことばかりでした。そこで、東京YWCA専門学校を辞めて明治学院大学大学院に入学し、あらためて勉強することにしたのです。

**佐藤** 明治学院の大学院では、どんな勉強をされたのですか。

**遠藤** これまでお話ししてきたように、社会福祉にとって、すぐれた専門職の養成、具体的には保育者の養成が大事だと考えてきましたので、それについての歴史的な考察、

調査・研究を行いました。

保育士は明治時代にすでに幼稚園の誕生と同時に保母（当時・保姆《ほぼ》）の養成はキリスト教女子教育や女子師範学校の教育の中で行われていました。初等教員資格を準用して保母資格は免許されていた時代が長く続きました。長らく幼児教育の現場はこの有資格者の指導を受けてお手伝い程度のことをする者たちによって担われていました。この時、その後の研究にもつながったのですが、一九一八（大正七）年に東京府内の民間社会事業の連絡調整組織として、財団法人東京府社会事業協会ができるのですが、この団体が関東大震災後、災害復興のために急遽《きゅうきょ》託児所の保母を養成することになり、六カ月の短期保母養成所を開設しました。この団体は一九四二（昭和一七）年四月からは厚生保母養成所を自由が丘のトモエ学園内に開設するのですが、教育内容は小林宗作《こばやしそうさく》先生にまかせました。黒柳徹子《くろやなぎてつこ》さんの著作でもご存じのトットちゃんの学校の校長先生です。戦争中から戦後にかけて約七年間、大変ユニークな保育者の養成が行われましたが、この資料を発掘したり、関係者へのインタビューをして保育者の養成について修士論文を書きました。

私は大学院に在学中から当時沖縄キリスト教短期大学学長の平良修《たいらおさむ》先生に、「うちの大学にぜひ来てください」といわれていました。復帰まもない沖縄では専門の教員が足りなかったのです。それで、二年で卒業して、沖縄で大学の教員生活がスタートしたのです。

**佐藤**　沖縄ではどれくらい教えていたのですか。

**遠藤**　沖縄には一九七四（昭和四九）年から八〇（昭和五五）年までいました。交通ルールはクルマが右、人が左の時代ですし、バス停がどこにあるのかもぜんぜんわからなくて苦労しました。

**佐藤**　当時、離島に行くとバス停などありませんでした。

**遠藤**　福祉関係の専門職教育の走りが私の世代ですから、沖縄のあとは福島県立会津短期大学（現在の会津大学短期大学部）から、福島保育専門学校が短大に昇格するから来てくれといわれて赴任しました。その後も、東海大学で健康科学部、聖隷クリストファー大学で社会福祉学部の立ち上げをしました。

**佐藤**　全国の大学で福祉系の学部がつくられたのですね。

**遠藤**　福祉教育に携わる人の数は急速に増えました。私が大学で勉強を始めたころは、福祉を教える大学は全国でも数えるほどしかありませんでしたが、いまでは二〇〇～三〇〇くらいあります。

一九九〇年代の初めころ、大学の新設学部の認可が制限されたことがありました。そのときに情報系と福祉系がそこから外れたためにいろいろな大学が情報と福祉の学部を開設したのです。

そのころすでに少子化が始まっていましたから、二〇年後には厳しい状況になるとわかっていたのですが、学科の統廃合をしながら情報と福祉の学部をどんどんつくっていったわけです。

**池上**　二〇〇〇（平成一二）年の少し前くらいから文科省の方針で、新しく大学をつくるか学部を新設するときは、福祉系か看護系でないとなかなか認可されないという状況でした。現在、そうした状況から、今後の在り方が問われているところにきているのかもしれません。

## 研究者としての苦しみと成果

池上　遠藤先生は会津短期大学で教えていらっしゃったとき、間引きの研究をされていました。この間引きの問題は、現代の日本の子どもの虐待死亡事例にもつながる、いわば本質ともつながる問題です。平成二八年度の子どもの虐待死亡事例五八例のうち、ゼロ歳は二八例で五三・八%を占めます。そのうち月齢ゼロカ月での死亡が一四人です。すなわち、生まれてすぐに命を絶たれてしまう事例の割合がこれだけ多いということです。生んだけれども育てられないと追い詰められた親子の悲劇です。そういう意味では間引きの問題は、当時の人たちの追い詰められた状況を映し出す問題でもあるといえます。そして、今日の日本の児童虐待は生まれたときに始まっているといえます。子どもが生まれてもとても育てる気にはなれない、それで虐待死亡事件になってしまうケースが、後を絶ちません。歴史的にさかのぼると江戸時代にはそうなる前に間引きをする、すなわち堕胎するのが、おそらく産む親にとっても生まれてくるであろう子どもにとってもいいはずだという考えが当時の社会のなかで人びとに共有されていた可能性が考えられます。

**遠藤**　堕胎・間引きの考え方は江戸時代と現代では異なると思いますし、宗教によっても異なります。また、個人の意識や経験によっても異なると思います。生活が厳しいかどうか、自然環境等によっても子を生み、育てる意識は左右されると思います。現代は出産というのはコントロール可能な行為ですので、子どもは「つくるもの」という意識が基底にあるのではないかと思いますが。

**佐藤**　そこで遠藤先生に教えていただきたいのですが、間引きと死生観はすごく関係していて、どこから生命を持っていると考えるのかが時代や文化によってかなり違いますよね。

**遠藤**　子どもの誕生も人間の生と死も社会の影響を直接受けます。ですから、コントロールできる可能性があるという視点で、心性史というジャンルで研究を始めました。江戸の中期から後期にかけての会津、仙台、高知などの六つの藩の伝承や古文書を調べた結果わかったのは、子どもを産むのは非常に意図的な行為だということです。

　江戸時代は人口減少が労働力の減少に直結し、生産力に影響しますから藩にとっては重要な問題です。当然、間引き堕胎はご法度《はっと》です。しかし、領民たちはそれをみな見事にかいくぐって自分たちの生活を維持するために工夫します。

たとえば、妊娠すると届け出をしなければいけないのですが、妊娠しても隠して届け出をせずに産んだ後に子育てが可能だと判断したときにさかのぼって妊娠の届けを出すのです。

懐妊・出産はきびしく管理されていましたので、「死胎出産披露書」など他にもいくつもの資料をつけて役所へ届出をしています。しかしその文面は同じような文言であることから、どんな厳しい取り調べ制度をつくっても間引きは表面に出なかったと思われます。

**池上**　いまお話しされたことが現代の歴史のなかで形を変えて出現し、そこから里親養育や養子縁組による養育の新たな意義を提示する国際的な児童福祉と臨床研究の最新動向につながる展開になっています。人口を労働力、軍事力の基本となるため国民の妊娠、出産を国家が管理するという政策は、ルーマニアのチャウシェスク政権で、一九六〇年代から八〇年代にかけて強力にすすめられてきました。

一九八九年の政権崩壊後の社会的混乱と生活の窮乏から、多くの子どもたちが、育てられない親から棄《す》てられ路頭に迷うことになりました。その数は当時の国際報道では一〇万人とも一〇〇万人ともいわれましたが、定かではありません。そうした剝奪的状態となったルーマニアの子どもたちへの取り組みとして、一九九〇年イギリス政府はルーマニア孤児三二四人をイギリスの普通の家庭の養子として迎え入れ、養子とその家族を専門家チームがサポートしていくという国家的プロジェクトを立ち上げました。これがイギリス・ルーマニア養子国際研究（English-Romanian Adoption Study：略称ＥＲＡ研究）です。イギリスの普通の家庭の養子となったルーマニアの孤児たちはその成長や発達を毎年フォローされ、一八歳を過ぎた現在も続けられています。乳幼児期の剝奪的状況から、その後の平均的な家庭養育という環境の変化を経験したことにより、その後いかなる発達のコースをたどり人生早期の傷つきからリカバリーしたのかを解明していく壮大な歴史的試みでもありました。

**遠藤**　私の研究の目的は江戸時代の人びとの子どもの命に関する感覚や子ども観、子育て意識などを解明し、近代の児童の権利意識や権利擁護につながるものがあるかどうかを解明することでしたが私には難しいテーマでした。足かけ一〇年かけてもやりつくすことができませんでした。

でも、会津藩の資料を発掘し、五十嵐勇作《いがらしゆうさく》先生はじめ会津史談会の方々に古文書を解読していただき、高橋梵仙《たかはしぼんせん》先生や松枝茂《まつえだしげる》先生の先行研究に助けられて、なんとか『近世日本マビキ慣行史料集成』のなかの一章としてまとめることができました。この研究のリーダーは大田素子《おおたもとこ》さんで社会福祉の歴史研究をしている仲間にも助けられました。

## キリスト教精神に立脚した使命感

**佐藤**　遠藤先生は大学での教員生活のあと、さまざまな福祉団体で仕事をされています。お話を聞いていて私が強く感じたのは、先生の根っこの部分に刷り込まれているキリスト教的な考え方であり、使命感です。それと、大泊から北海道に引き揚げてくるときに九死に一生を得るという体験をされたことが大きかったのではないかと思います。だからこそ、何ものにも動じない芯の強さがあります。

**遠藤**　さあ、どうでしょうか。あまり考えたことはないのですが、福祉団体の仕事ということでいえば、二葉保育園の理事長を務めてわかったことがあります。同園が一二〇年にもわたる歴史を積み上げることができた第一の理由は、キリスト教精神に立つという普遍的な理念を持っていることです。私もクリスチャンですので、一人の信仰者として証しの場が与えられ感謝しています。

**池上**　現在の社会福祉について思われることは、どのようなことですか。

**遠藤**　戦後の福祉制度は国民にとってなくてはならないものとして発展し、国家予算も大きくなりましたし、人的な規模もたいへん豊かになっています。国会でも取り上げられ、政治課題として多くの政治家の関心事になってきています。福祉問題がこれだけ大きく語られていることは大変喜ばしいことに思いますが、にもかかわらず、なぜ国民の生活上の格差は広がり、この差が固定化してきていて、負のスパイラルから抜け出すことができない構造になってしまっているのでしょうか。現行制度や政策にはさまざまな問題がありますし、すでにお話ししたように、国家の政策はいつもアメとムチの関係で進んでいて、福祉というのはアメに使われやすいということも理解しておく必要があります。ですから、つねに国や政府の狙いは何かを見ていないと、どこへ連れていかれるかわかりません。

**池上**　現代の社会的養護にも政治的な思惑に左右されているのではないかと受け止められるかもしれない側面もあるかもしれません。それでも子どもの貧困対策をこれまでになく前面に打ち出してきた動きはこのままぜひ止めないでさらなる充実に進んでいくことを強く願います。

**遠藤**　社会福祉の制度や政策が、ほんとうに国民の幸せのためのものになるかどうかは、多くの福祉の担い手の働きにかかっています。制度の本質をよく理解し、福祉の受け手が何を求めているかを考えることが大事です。

# 第3章　「子どもを守る仕事」の領域が広がっている

## 高い日本の貧困率

**佐藤**　池上先生が先ほど子どもの貧困対策について少しふれられましたが、いま日本では、子どもの貧困が問題になっています。先進国のなかで日本の貧困率が非常に高いともいわれます。

まず日本の貧困率ですが、厚生労働省の国民生活基礎調査によると、二〇一五（平成二七）年の日本の相対的貧困率は一五・七％です。この貧困率はOECD（経済協力開発機構）の基準に基づくもので、日本はOECD加盟三六カ国のなかで七番目、主要先進国のG7のなかではアメリカに次いで貧困率が高い国になっています。

次に子どもの貧困ですが、同じ調査で子どもの貧困率は一三・九％となっています。つまり、一七歳以下の子どものうち七人に一人が貧困であるということです。これはその前の調査（二〇一二年）の一六・三％に比べると改善していますが、依然として他の先進国（二〇一六年のOECD平均は一三・一％）に比べて高い水準です。

一七歳以下の人口は約一八八〇万人ですから、単純計算すると、約二六〇万人の子どもが貧困状態で暮らしていることになります。日本は一流の先進国だと思っている人にとっては、ショッキングな数字です。

貧困率とは「貧困線」を下回る収入で暮らしている人の割合です。貧困線は等価可処分所得の中央値の半分の値で、等価可処分所得は世帯ごとの可処分所得を世帯員数の平方根で割った数値です。中央値は等価可処分所得を低い順から並べていき、そのちょうど真ん中にあたるものです。

国によって経済事情は異なりますから、貧困線の金額は同じではありません。わかりにくいかもしれませんが、簡単にいってしまえば、一年間の収入が、少ないほうから数えて真ん中の人の半分以下しかないことを貧困というわけです。

## 相対的貧困と絶対的貧困

**佐藤**　貧困が世界的な問題であることはたしかです。相対的貧困率は、誰かと比べて貧しいといえるかそうでないかを表すものですから、国と国との比較をするときなどに有効なわけです。日本のような貧困とは無縁と思われている国の現実を数字でわからせてくれるという点で、大きな意味があります。

貧困には先ほど説明した相対的貧困とは別に、絶対的貧困というものもあって、その日の食事にさえ困り、人間としての最低限の生活さえできない状態をいいます。国全体が経済的に豊かではない開発途上国や、戦争や紛争地域で暮らす人々のなかには、本来当然持っているはずの生きるための権利を奪われ、絶対的貧困に陥っている人が、残念ながらまだたくさんいます。

**池上**　日本をはじめとする先進国では多くの人が豊かな生活を送っていて、貧困の問題がすぐには見えてこない、わかりづらい問題だと言われてきました。しかし、二〇二〇年初頭からの新型コロナ禍の拡大は全国規模の自粛要請により、事業が立ち行かなくなったり失業へと追い詰められる事態が急速に増え、切迫した問題になってきました。

**佐藤**　おっしゃるように、貧困の問題を考えるときに、相対的貧困と絶対的貧困をしっかりと区別し、それぞれを定義することが大事です。世界銀行の定義では、一日一・九ドル（約二〇〇円）未満で暮らす人々のことを絶対的貧困者といい、世界全体で七億三六〇〇万人が該当するといわれています。

日本では、絶対的貧困者、すなわち生存や成長に必要なカロリーや栄養がとれない子どもの数は昔とそう変わらないのですが、相対的貧困者が増えてきています。これが日本の子どもの貧困問題をむずかしくしていますね。

**池上**　日本の貧困問題が深刻な状況にあることを端的に物語り、また今回のコロナ禍から生活保護申込みの急増が、大きな社会問題となっています。生活保護は、憲法第二五条の「生存権」の理念に基づき生活に困窮するすべての国民の最低限度の生活を保障し、その自立を助長するものです（生活保護法第一条）。そしてその基本として、無差別平等の原理、最低生活保障の原理、保護の補足性の原理の三つがあり、この三つが生活保護の原理といわれ、運用の基盤となっています。具体的には、病気や障害などのため働くことができず、食べていくことができるだけの収入が得られない人に対して、現金を支給するのが生活保護制度です。

国立社会保障・人口問題研究所のデータを見ると、一九九二（平成四）年、約五八万人（一カ月平均）だった生活保護受給者はそれ以降毎年増え続け、二〇年前の二〇〇〇（平成一二）年は約七五万人、その五年後の二〇〇五年にはじめて一〇〇万人の大台を突破し、二〇一〇年は一四一万人、二〇一六年は約一六三万人に達しています。

しかも、日本の場合、生活保護の捕捉率が低いといわれています。本来なら生活保護を受けられる可能性がある人が、受給にたどり着けない場合もあります。これには、さきほどお話しした生活保護の三つの原理のなかの、保護の補足性の問題があります。保護の補足性とは、わかりやすく言えば、その人に貯金や資産になるものがあったり、民法で定められた親族で扶養者になれる人がいる場合にはまずそうした手立てを活用することが先決になりますよ、という原則です。そのため、生活保護受給者の人口に占める割合は、日本が一・六％なのに対して、ドイツやイギリスは九％台で、日本の低さが際立っています。

生活保護を受けることをスティグマ（恥の感覚）と受けとめる意識が日本人に高いことが影響しているのではないかと従来は言われてきました。しかし、今回のコロナパンデミックによる社会経済的打撃により、東京においても各地域の福祉事務所には朝早くから生活保護申請のために多くの人が待つ姿が報道されるようになりました。コロナパンデミックは、日本のみならず国際的にも、これまでの新自由主義的な経済のあり方を根本的に行き詰まらせることとなり、そして政策における福祉の緊急性、重要性がかつてないほど問われるという新たな転換点を迎えています。

## 「低負担・中福祉」の日本

**佐藤** 戦後の日本では、企業年金や国民皆保険、介護保険制度などを整備し、高齢者に対する福祉を充実させてきました。そのかわり、教育をはじめとする若年層の社会保障は極端な自己責任を求められるシステムになっています。

この自己責任を前提とした、「選別主義」に基づく、「低負担・中福祉」の社会保障制度は、経済が成長しているときはそれなりにうまく機能していました。

**池上** 選別主義とは社会保障や福祉の対象となる人たちを決定する基準として、仕事に就こうとして求めてもなかなかみつからない、あるいは仕事に就いたけれども収入がきわめて厳しい事情の人など、制度の利用の条件が厳格に限定されるというのが特徴ですね。低負担・中福祉の社会保障とは、税金の負担は少ないけれども、受けられる福祉は手厚いものではない、ということになりますね。

**佐藤**　そうです。あとで述べますが、バブル崩壊以降、このシステムにほころびが生じ、社会保障の恩恵をほとんど受けられず、自己責任を求められる人が増えました。こうした人たちの不満が鬱積《うっせき》し、そのはけ口を求める人の批判の矛先が公的扶助を受ける貧困者に向かったのです。

　別の言い方をすると、富裕層や中間層が稼いだ富をどのように社会に還元するかという富（所得）の再分配が問題となって顕在化したもので、「一部の困窮層だけを社会保障の対象とする」選別主義が招いた結果といえます。

　いまの日本のように経済が低迷し、将来が見通せないほど時代状況が悪いときは、「すべての人びとを社会保障の対象とする」普遍主義に基づく政策をとるべきだというのが、私の考えです。

**池上**　選別主義と普遍主義とのどちらをとるかは、非常にデリケートかつ重要な問題だと思います。この対照的な二つの観点を政策にどのように反映させているかということが、その国の福祉政策がどのような考え方から成り立っているかを具現化しているということにもなります。たとえばイギリスにおける里親や児童養護施設で育ちそこから自立してゆく若者への政策をみると、可能な限り両者を組み合わせた政策をとっているようです。

**佐藤**　デンマークやスウェーデンなどの北欧諸国は、低所得者層への現金給付を手厚くすると同時に、税金や保険料の負担も大きくしています。しかも、所得の再分配を低所得者だけではなく、高所得者にまで行っているのです。つまり、低所得者にもそれなりの負担を求め、高所得者にも見返りを与えているわけです。

**池上**　日本では、北欧諸国は高負担高福祉というイメージが浸透しています。実際にスウェーデンおよびデンマークの消費税率は二五％ですが、幼稚園から大学まで一切、授業料などの学費の負担はありません。国民の税や社会保障制度に対する信頼が、高負担高福祉を支えているところはありますね。

**遠藤**　社会福祉制度を見てみますと、人びとが生活上の困難に陥った時、まず自助努力が求められますが、地縁、血縁の範囲も小さくなり、近隣との交流も少なく、困難を抱えたまま孤立してしまう傾向が強くなってきているので、福祉サービス制度の充実が求められてきたのだと思います。自力での問題解決が難しくなり公的な援助を求めざるを得なくなってくると新しい法律や制度ができ、さまざまな支援のプログラムが生まれてきます。このようにして福祉サービスは形も内容も拡大し、かつ深化してきています。

福祉サービスの方法もかつては施設に収容してサービスを提供していましたが、施設の専門的なサービスを地域社会の人びとも利用しやすいように地域に開かれてきました。たとえば高齢者施設でデイサービスが行われていたり、乳児院や児童養護施設に一～二週間だけ預けられる「ショートステイ」を設けているところも多くあります。今後は施設のサービスを利用したくてもできない人びとのために、サービスを届ける活動が活発になってくると思います。孤独な子育てをしている家庭に訓練されたボランティアが訪問して親の育児を助けたり、相談にのって、困っている時は誰かに助けてもらって楽になるという経験をしてもらう取り組みなどもあります。これからはこのようなアウトリーチ型の福祉サービスがますます必要になってくると思います。

## 非正規労働者の増加

**池上**　いまの日本では、生活保護の申請や受給は思いとどまっているけれども経済的に厳しい生活を送っているという状況にある人の多くは、低賃金で不安定な労働条件のもとにあるという実態があります。パートやアルバイト、契約社員、派遣社員などの雇用形態で働いている人たちもそうした状況におかれた人たちです。そうした非正規雇用の労働者の数がかつてに比べて非常に増えました。

統計（総務省「労働力調査」）にそれがはっきりと表われています。一九九五（平成七）年の非正規労働者の数は一〇〇一万人。これに対して正社員の正規労働者は三七七九万人と非正規の三・七倍いました。ところが、二〇一八年になると非正規社員は二一二〇万人と二倍に増えたのですが、正社員は三四七六万人とわずかしか増えていません。

**佐藤**　雇用のあり方が大きく変わったのです。非正規労働者は正社員に比べて時間当たりの賃金を低く抑えられ、労働時間も短いので、どうしても収入が少なくなります。ですから、仕事をいくつもかけもちせざるをえません。そのうえ簡単にクビを切られるので生活が不安定になりがちです。

もちろん、好きな時間に働きたいという理由で、自分の意志で非正規雇用を選んでいる人もいますが、フルタイムの正社員で働きたいのに非正規雇用で働かざるをえない人が増えていることが問題です。

これはあたりまえのことですが、子どもの貧困は大人の貧困でもあるのです。背景にあるのは、バブル崩壊以降の日本経済の長期低迷です。東証株価が最高値をつけた一九八九（平成元）年末を境にして株や不動産が大暴落し、その後日本経済は失われた二〇年とも三〇年ともいわれた長い不況に見舞われます。景気が悪くなれば企業はコスト削減のため真っ先に人件費を減らします。非正規雇用が多ければ人件費の削減が容易になるということで、企業は正社員を減らして非正規労働者を増やしたのです。

こうして雇用の流動化が進み、それまでの日本型の雇用システム、すなわち終身雇用や年功賃金が崩れ、労働者の生活が不安定化していったのです。

もう一つは、規制緩和が進んだことです。企業が自由に活動できるようにするため、それまであったさまざまな国の規制が緩和されたり、廃止されたりしました。その結果、多くの業界で異業種からの参入が相次ぎ、一段と競争が激しくなり、このことがまた、企業を人件費の抑制へと向かわせました。

決定的なのは、この間、経済のグローバル化にともない、国の介入をできるだけ少なくし市場原理にゆだねる新自由主義が台頭したことです。それが徹底した効率主義と競争原理にもとづく企業の労働コスト削減に拍車をかけ、非正規雇用の労働者の増加を招いたのです。そのため労働者の実質賃金は低下し、さらに生活は不安定化しました。

## 福祉の位相が変わり始めた

**池上**　このところ日本政府は企業に正社員の雇用を促したり、最低賃金を引き上げたり、二〇二〇（令和二）年四月からは、「働き方改革」の名のもとに同一労働同一賃金をスタートさせています。この政策は、政府が非正規労働者の救済を図ろうとしていると受けとめられますね。
**佐藤**　このままだと日本の社会システム、もっといえば資本主義システムが成り立たなくなるという危機感の表れです。非正規労働者の雇用対策だけではなく、社会保障や福祉に政策の重点を置かざるをえないのです。

**遠藤**　政治が福祉に関心を持つことにはメリットとデメリットがありますね。

**佐藤**　そうです。政治が興味を持つということは国民生活や企業活動に干渉するということですから。

しかも私が感じるのは、最近の政府の政策は、人間として最低の尊厳を誰もが持たないといけないという戦後の社会福祉政策とは異なる、イギリスの工場法に近い発想でつくられているということです。

一九世紀初頭のイギリスで、産業革命後の労働者の劣悪な労働環境が問題となり、このままだと労働力の再生産ができなくなるということで、当時のイギリス政府は、工場法をつくって、とくに若年層の労働者や女性の労働条件の改善を図ろうとしたのです。

いま開発途上国では低賃金労働に支えられて、低価格でクオリティの高い製品がどんどんつくられています。日本がこの熾烈《しれつ》な生産競争に加わり、勝ち抜こうとするのであれば、安価で良質な労働力を再生産するために国家が介入しないといけないとなったわけです。

**池上**　いまの日本の福祉政策がでてきた背景には、歴史的にみるとイギリスの工場法が制定された当時の社会的状況に近いものを感じられるところがありますね。

イギリスの工場法は、当時、工場の長時間労働に酷使されていた子どもを守ることを目的に制定されました。一八一九年の工場法では九歳未満の子どもの雇用が禁止され、一八三三年の工場法では九～一三歳の子どもの九時間労働が規定されました。こうした工場法制定の背景としては、イギリスの実業家にして社会改革者であるロバート・オーウェン（一七七一～一八五八）が、子どもが劣悪かつ過酷な労働条件で酷使されていることを憂《うれ》い、「人間の人格は環境の産物である」という観点より、子どもの労働環境改善に尽力したということがあります。またオーウェンは、自身が経営する事業所の敷地内に子どもが学ぶための学校を設置するなど、子どもの教育の義務教育化の先鞭《せんべん》となる取り組みもしました。

**佐藤**　働ける人間になれという要素があって、福祉現場でそれを受けている子どもたちにとって大変なプレッシャーになっていると思います。

たとえば全国に約一七〇カ所ある自立援助ホームは、児童福祉法第六条に規定された児童自立生活援助事業で、社会福祉法人やＮＰＯが運営しています。働くことを前提に義務教育を終えた一五歳から二〇歳までの子どもたちが共同生活をしているのですが、子どもたちは利用料という名目で月三万円をホームに支払わなければならない。これは地べたはいつくばってでも三万円を稼いでこいということですよ。

一八歳になって児童養護施設を放り出されると、家も職もない状態で途方に暮れるしかなかったそれまでと比べればよくなったのかもしれませんが、客観的に見て過酷な制度です。

両親の保護のもとにある高校生が携帯電話代や旅行代のためにマクドナルドやコンビニでアルバイトするのと、自分の居場所と食べるものを確保するために働くのとでは、同じ三万円のアルバイトでも抱えているプレッシャーはまったく違います。

日本は自立援助ホームに一律に子どもの人数×三万円を出してもつぶれる国ではないはずだから、なぜそれができないのかということですが、それは「働かざる者、食うべからず」という、工場法的な考え方が根底にあるからです。働ける者にはそれなりの処遇をするけれど、そうでない者は自分でなんとかしろということです。

国家が福祉に介入してくるのはそれなりの理由があって、人道的観点からだけではないということです。ですから、福祉の位相が変わり始めているといえるかもしれません。

**池上**　月額三万円の利用料を納める理由としては、二〇〇八年の児童福祉法改正により、児童自立生活援助の実施が措置ではなく申込みにより開始が規定されたこと。また二〇一六年に社会保障審議会児童部会において厚生労働省総務課長により「措置ではなく契約」であることが確認され、そのため自立援助ホームへの入居はあくまでも本人の希望であること、そして、自立援助ホームはあくまで「契約」を支援の出発点であるとしてきた経緯があります。ただ、実際に入居している子どもたちの抱える実態にかなっているか検討が必要ではないかと切実に考えます。

**遠藤**　そういう国の潮流のようなものがありますね。

**佐藤**　ただ、自分たちが何をやっているのか、国も当事者もあまり気づいていない。

**遠藤**　そんなふうにして誰も気づかないうちに、国の政策が変わろうとしているなかでも、福祉の現場の人間は一人ひとりの思いに寄り添いながら、何とかして生きている喜びを感じさせてあげたいと思いながら仕事をしているわけです。

**佐藤**　遠藤先生、国の思惑はともかく、現場はそれでいいと思うんですよ、いまのままで。子どもや弱い立場に置かれた人たちに肯定感を与えるのが福祉なのですから。

**遠藤**　その言葉に救われます。

## ナチスの思想に通じる自己責任論

**池上**　貧困問題では自己責任と結びつけて論じられる側面があります。生活保護バッシングだけではなく、自立援助ホームの支援などに対しても「まず自分の力で自立していこうという自覚をもつように」という観点を強調する議論もありますが、これにも先ほどおっしゃった新自由主義の影響がみられますね。

**佐藤**　そういうことをいっている人の心がいかにすさんでいるかという話なんです。さまざまな理由で社会的養護を必要としている子どもたちに対して、公的なサポートが必要なことは明白なんですから。

社会活動家の雨宮処凛《あまみやかりん》さんがよくいっていることですが、「貧困で苦しんでいる子どもたちは、それこそリストカットを何度も繰り返し、自分のことを責めて、責めて、責めぬいていているんですよ」と。そういう子どもたちに自己責任だというのは意味がないし、間違っています。貧困は個人の努力や才能の問題ではなく、社会の構造が生み出すものだということを理解しないといけません。

自己責任をいう人は、知力、つまり社会について洞察する力が弱いわけです。いまはしっかり働いて稼いでいる人だって、病気をしたり事故にあったりして人の助けが必要になったときに自己責任だといわれたら、ものすごく落ち込むはずです。

人間は、みんなで助けあっていかなければならない。二〇歳でも、それ以上になっても、社会的な養護を必要とする人はたくさんいます。そこを全部切り捨てるということだったら、人間の社会は成り立たない。

経済合理性といった基準だけで人間を見るのなら、ナチスと一緒です。ナチスは国民に対して、タバコを吸ったらだめ、がんの検診を受けろといい、胚芽《はいが》入りのパンや無着色バターもつくりました。なぜならば、国民の体はヒトラー総統のものだから、しっかり健康管理をしろというわけです。労働力にならない者は人間としての価値を認めない。ですから、障害者は安楽死させられました。

同じファシズムでもイタリアのムッソリーニは違います。ムッソリーニは、障害を持っている子どもも、能力が劣る者も同等に扱い、ジェンダー（社会的・文化的な性による違い）でも男が女より上とは考えませんでした。富をたくさん持っている者は社会的に弱い者に再分配するのがイタリア的だという考えでした。

自己責任論をふりまわしたり、経済合理性だけで福祉を考えるのは、ナチスと同じ思想です。いろいろな人がいて人間の社会ができあがっています。せめてそれがわかるくらいの知力＝想像力がないといけません。

日本は、先ほどいった低負担・中福祉を実現していたのですが、昔からその枠からはじき出されてしまった人たち、たとえばシングルマザーなどに対しては非常に厳しい国でした。いまはそのはじき出される人がどんどん多くなって、そういう人に対してますます冷たくなってきている。

ロシアにもイギリスにも自己責任論をいう人はいますが、そういう人のほうが少数派だと思われます。

**池上**　いま児童養護施設をはじめとした社会的養護では、たとえば児童養護施設であれば高校卒業後の進学率、乳児院であれば家庭復帰率や里親委託数など数字に表わせる成果をとても求められている側面があります。

このような傾向にみられるように、いまは数字に表わすことができるデータが重んじられ、どうしても結果を求められます。でも本当に大事なのは、助けを求めている人を受け入れる施設が存在しているということです。その存在を消さないためには社会のいろいろな人の理解と支えが必要です。

## 児童虐待、SNS犯罪への対応

池上　そこで遠回りに見えるかもしれませんが、まず、児童福祉の考え方や知識が、狭い意味での福祉の現場だけではなくさまざまな場所で、より一層強く求められる社会になってきていることを、たくさんの人に知ってもらう必要があると思います。

二〇一九年に虐待で亡くなった児童が五四人もいます（警察庁調べ）。このうち暴行や育児放棄（ネグレクト）で亡くなった児童は二五人です。前述したように、SNSを使った淫行や児童ポルノなどの犯罪が小中学生で急増しています。

児童買春禁止法（一九九九年）と児童虐待防止法（二〇〇〇年）が相次いで制定されま

したが、こうした犯罪を未然に防ぐには至っていません。

そこで政府は、児童虐待防止対策体制総合強化プラン（二〇一八年）を策定し、虐待防止対策を強化しています。

このプランでは、児童相談所の体制強化や市町村との連携を重視し、二〇二二年度までに児相（児童相談所）で対応にあたる児童福祉司を五二六〇人（一七年度比二〇二〇人増）、児童心理司を二一五〇人（同七九〇人増）に増やす計画です。

さらに、二〇一九年六月に児童虐待防止法が改正され、二〇二〇年四月から施行されました。しつけと称する親の体罰を禁止するとともに、児相の一時保護で「介入」対応する職員と保護者の「支援」をする職員を分け、児童福祉司を地域の人口や対応件数に応じて配置するといった措置が講じられています。

**佐藤**　最近ではストーカーとか家庭内のトラブル、子どもの暴力などに対して、警察がよく介入するようになりました。

警察がいちばんやらなくてはいけないのは、国民の生命身体の安全の確保です。殺人がいちばん起こっているのはじつは家庭で、家庭がいちばん危険な場所です。だから、警察は家庭で起きる問題に対してコミットを深めているのです。オレたちの仕事場だといって入ってきているわけです。

しかし、警察に何でもゆだねて問題を解決しようとするのは、非常に危ない。その意味で、児童相談所は大きな存在意義があるのです。警察ではないということが。

**池上**　児相だけではありませんね。いま、家庭内で起きている虐待とか不適切な養育ということに、教育現場がしっかりとアンテナを張っておかないと、それこそ子どもを守れない状況です。そういう波が、全国の小中学校に確実に押し寄せています。

貧困に陥った親が孤立し、虐待やネグレクトに陥れば、子どもには遅刻や不登校などの問題行動や発達のひずみをもたらし、学力の低下となって表れます。教師はもし、子どもにこうした兆候が少しでもあれば、迅速に対応して、犯罪につながる芽をつみとってしまわなければなりません。

従来の学校の先生は指導要領に沿った教育をするとか、教材研究に力を入れるとか、あるいは放課後の部活動に力を入れるとか、既存の枠組みのなかで、教師としての力量を発揮すればよかったのですが、いまは教師の役割として求められるものが変わってきています。

**遠藤**　この時代ですから、子どもたちもSNSやチャットを使って他者とつながり、自分の世界を作ることは当然なことですから、施設の子どもも例外ではありません。私の身近な二葉学園の星直倫《ほしなおみち》養護主任にうかがってみましたが、指導の基本は自己選択に任せるそうです。子どもたちがバーチャルな世界で被害に遭わないように、自分の安全を守り、相手を傷つけないように子どもの判断力を育てるように指導しているそうです。時には職員も一緒に使って、今子どもたちの中で流行っている世界を知ったり、正しく使うことを一緒に考え、指導しているとのことです。残念ながら施設に来るまでに、すでにSNSを生活の一部のように駆使していたり、被害にあったりしていた子どもたちもいますが、その事実も含めて正しく使う方法を学ばせたいと願っていました。このような力をつけるためには根底に職員との信頼関係が絶対に必要です。子どもは時として友達との関係の中で判断し、自分の存在を維持することもありますから、職員の願いや期待を十分わかっていても、友達の言うことや判断を選ぶ場合もあるかもしれません。職員はその現実も受け止めての指導ですから厳しい結果を突き付けられることもあるでしょう。このあたりが職員に求められる専門性だと思います。難しい課題ですね。

## スクールソーシャルワーカーとスクールカウンセラー

**遠藤**　スクールソーシャルワーカーのことを前に少しお話ししたと思います。

一九七〇年代だったと思いますが、日本で子どもの不登校が問題になり始めたころ、私はアメリカで導入が進んでいたスクールソーシャルワーカーが日本の学校にもいればいいのにと思っていました。当時の文部省や厚生省の官僚からもスクールソーシャルワーカーを置いたらどうかという話が出ていました。

ところが、当時二葉学園の施設長だった村岡末広《むらおかすえひろ》先生があるシンポジウムで、「私は反対です」とおっしゃったのです。その理由は、「学校が社会福祉のような専門の違う人間をスタッフにするとは考えられない」というのです。校長を務められてリタイアした方などを便宜的に置くだけでは、学校で子どもたちをちゃんと守る役割を果たせない、というのです。

私も学生時代、アメリカのスクールソーシャルワーカーの論文を読んでいたので、元校長先生がやるような仕事ではないと思っていたのですが、そのときはスクールソーシャルワーカーの導入は各県に二〜三人で試行的に導入されるにとどまりました。その後、各自治体でさまざまな取り組みも見られ、だんだん教育関係者も関心をもつようになってきました。いじめ、不登校、暴力行為、児童虐待など生徒が抱える問題に教育の分野の知識に加えて、社会福祉の専門的な知識や技術を駆使して生徒の置かれている生活環境に働きかけて支援をしていく必要が認識されてきています。

**池上**　心理学の専門家として子どもたちの心のケアをするのがスクールカウンセラーで、文部科学省がいじめ対策や不登校への対応を中心に学校への配置を進めてきました。主に臨床心理士や精神科医がスクールカウンセラーとして採用され、東京都では、原則、公認心理師の国家資格をもつ人が配置されています。

心理学者の河合《かわい》隼雄《はやお》さんが日本臨床心理士会の会長だったときに、スクールカウンセラーを不登校の子どもが多い学校に配置することになりました。その当時、まさしくいま言われたような反対意見が一部の学校の校長先生のなかには、幕末のペリーの黒船来航になぞらえて「黒船来たる」といわれたそうです。当時はスクールカウンセラーの配置を承認した校長先生は少数派で、大変ご苦労なさった具体的なエピソードが、いままでも学校臨床心理士の集いなどで話されます。このままだといつまでたってもスクールカウンセラーが配置されないということで、文科省がまず都道府県ごとにモデル校を二校決めて、そこにスクールカウンセラーを入れて、それから少しずつ増やしていったということです。

**遠藤**　スクールソーシャルワーカーの配置も似たような経緯であったと思います。

スクールソーシャルワーカーの仕事は学校生活を困難にしている問題、たとえば、不登校や虐待のおそれのある児童、貧困な状況にある児童に対して具体的な支援を行うことにありますが、それだけでなく、関係機関や地域のさまざまな社会資源に働きかけて、子どもの教育を受けられる環境をいかに整えていくかも大切な仕事です。現在は文部科学省から各都道府県・政令指定都市・中核市に補助金が出ていて、各自治体でさまざまな形でスクールソーシャルワーカーの設置がなされています。各自治体では教育委員会や基幹的な学校に配置していますが雇用形態は非常勤です。文部科学省から『スクールソーシャルワーカー実践活動事例集』が毎年出版されています。現在のような形でスクールソーシャルワーカーが配置される前から、問題意識をもって取り組んでいた学校や自治体の教育関係機関も多くありましたので、そこに学ぶことが多いと思います。

**池上**　スクールカウンセラーについても、生徒指導とか教育相談担当の教員がやるから必要ないという意見がかつては根強くありました。しかしいまでは、地域ないし学校の特性により、福祉的サポートのニーズが高いということが理解されるようになり、スクールソーシャルワーカーの配置が促進されるようになりました。

## 福祉と教育の協調・共存へ

**佐藤**　教育現場でいちばん役割分担がはっきりしているのはフィンランドです。フィンランドは教育改革に成功し、子どもたちの学力が向上したといわれていますが、もともとの役割分担があるから、フィンランドの先生は生徒指導をしません。授業しかしないのです。教師は学力を高める専門家だから、進路の話は家でやってくれというわけです。それから暴力をふるう子どもがいたらすぐ学校が警察を呼びます。暴力には学校ではなく警察が対応するということです。

　ですから、もしフィンランド型の教育改革を日本でやったとしたら、しょっちゅう警察が介入し、学級崩壊はなくなるけれども、すぐに生徒を保護や補導することになります。

**池上**　日本の場合、学校の先生の労働負担が大きく、さらに佐藤先生がおっしゃるように仕事を細分化してある部分は専門家に任せることにすることには困難があります。その理由のひとつとして、児童生徒の指導の基盤が学級担任制におかれているため担任の先生の負担が大きくなっています。もし日本の公教育においてフィンランドやイギリスのように特化した領域に専門家を導入していくならば、担任の先生とそうした専門職の人たちとの共存と連携が課題になりますね。

**遠藤**　その通りで日本の学校、特に義務教育のレベルでの専門職としての連携や共存は難しいでしょうね。しかし、福祉と教育の現場では子どもの成長、発達に関わる専門職としての連携が進んできています。たとえば保育園の子どもたちが小学校へ入るときに、保育園の様子を伝えることになっています。これは二〇〇八年三月に告示された「保育所保育指針」に、保育所保育指針の施行に際しての留意事項として、小学校との連携について「保育所児童保育要録」を小学校へ送ることになり、小学校の学習指導要領にも保育所との連携を深めることが明記されました。この結果、小学校の教師は学習計画を立てる時、乳幼児期からの保育園での子どもの情報をしっかり受け取ることができるようになったのです。

また、学童保育は小学校低学年の子どもの放課後の生活を守るために、一九六〇年代後半から始まっていますが、近年はその数を増やしています。学童保育は小学校に併設している場合と地域の児童館にある場合、あるいは単独である場合などさまざまですが、学童保育は小学校の年暦通りに、学校が終わったら家族の方が帰宅するまでの時間を過ごす場所です。学校が休みの時は朝から開かれます。夏休み、冬休みなどはほとんど学童保育で過ごすことになります。小学校低学年の子どもがほとんどですので、学校の先生方も学童保育の指導員との連絡に努力されていると思います。

社会的養護の子どもたちの場合も、一部幼児を除いては全員学校教育につながっていますから、児童養護施設と学校とは密接な関係にあります。社会的養護の子どもたちはさまざまな課題を抱えている場合も多いので、学校になじまない子どももいますが、学校側も大変努力をされてコミュニケーションを図ろうとしています。しかし、残念ながら地域差というか、学校によっての差があることも事実です。小・中学校は義務教育ですから、先生方は真剣に子どもたちの課題にも取り組んでくださいますが、高等学校になると、子どもたちがそれぞれ選んで進学していますので、自己責任的な点も出てきますので、小・中学校ほど関係は密接でないかもしれません。

学校と福祉施設の関係ではもうひとつ、近年の複雑化してきている家族の姿やそこから派生するさまざまな問題は直接、間接に子どもの学校生活に影響を与えることになります。そこで学校の教員たちがそれらの問題を理解し、いかに対応するかを考えるための研修を行う際に、児童養護施設等の職員が、教員の研修会で子どもたちが置かれている生活実態や児童虐待について、また施設での子どもたちへの対応についてなど福祉の専門的な視点からお話しすることもあるようです。

福祉と教育の自立性を尊重しながら、それぞれの役割をしっかりと遂行していくようになるまでにはまだ時間がかかるかもしれませんが、そういう方向に向かっているとは感じます。

池上　保育園や幼稚園からの情報を継承することが学校の先生方に大きなメリットがあるということがこれまであまり知られてきませんでしたが、もっと広く社会のなかで共有されていくことはたいせつなことですね。

つまり、特別な配慮が必要な子どもとか、従来の一律な指導ではなかなか収まらない子どもたちを事前に把握して、学級編制や授業を進めるときに生かす必要があるということですね。

障害のある子どもたちに対する取り組みを強化する特別支援教育の仕組みも導入されてきているので、スタートのときにそういう情報があると学校現場にメリットがあるという認識が共有されるようになりました。学校の先生方もそういう情報を継承することについては、柔軟に対応できるようになってきていると思います。

また学校の先生と地域の発達センターや療育センターの医師や臨床心理士、福祉センターのソーシャルワーカーなどそれぞれの専門性は異なるけれども、子どもとその家族のために多機関、多職種がどのように連携していくかも、これからの教育現場での課題になっていくと思います。

## 幼稚園の果たす役割とは

**佐藤**　遠藤先生から、保育園は投じられている予算も多く、児童福祉の要《かなめ》だという趣旨のお話がありました。最近は保育園と幼稚園が一緒になった幼保一体タイプの認定こども園も生まれているとのことですが、そうなると、幼稚園の存在がかすんできませんか。幼稚園は社会性を養ったり、小学校からの義務教育につながる勉強の基礎を学んだりする教育機関として重要なんですが。

**遠藤**　立場によって異なります。幼稚園はその考えを大切にしていますが、保育園は子どもの育ちは乳児期から連続していて、保育園でも子どもの社会性や基礎的な能力は育つものだと言っています。認定こども園は教育と保育を一体的に行うことが期待されていますが、まだ、現場ではそれがどのようなものか描かれていないと思います。いまだ手探り中かもしれません。現在、幼稚園には幼稚園教育要領が、保育所には保育所保育要領が、認定こども園には幼保連携認定こども園教育・保育要領が告示されており、その内容で日常の活動が展開しています。この三つの要領はできる限りの整合性が図られており、教育・保育終了時のゴールとして言葉も説明も同じ、「幼児期の終わりまでに育ってほしい姿」として一〇項目の姿が示されています。この姿を共通のゴールにしてそれぞれの教育・保育を展開しているのです。親の生活の実態や考え方で入口は異なりますが、ゴールは同じ方向になってきています。

就学前の子どもたちの生活はこれまでの保育園の保育内容を基本とし、その安定した生活とともにこれまでの幼稚園での活動を展開していくことになるのではないでしょうか。地方では認定こども園が増えてはいますが、都会ではいまだ幼稚園は幼稚園として、保育園は保育園として運営されています。また、自治体によっては認定子ども園の開設を認めていないところもあります。これからは少子化が加速されますので、国民が三種類の就学前の施設の何を選ぶか注目したいと思っています。

**佐藤**　若い世代の夫婦は圧倒的に共働きが多くなっていますが、そうしなければ生活できないし、子どもを養うことなどできない。厚労省の国民生活基礎調査（二〇一六年）では、児童のいる世帯の六二％が「生活が苦しい」と答えています。

**遠藤**　まずは生活していくのが先で、幼児教育はどうあるべきかといった高尚なことはいっていられない。背に腹は代えられないというわけですね。

## 幼保無償化がスタート

池上　そうしたなかで、二〇一九年の一〇月から、幼稚園、保育所、認定こども園に通う三歳から五歳までのすべての子どもの利用料が無料になりました。住民税非課税世帯の子どもについては、ゼロ歳から二歳クラスまでの利用料が無償化されました。

いわゆる認可外の保育施設の場合は、三歳から五歳までの子どもについては月額三万七〇〇〇円まで、住民税非課税世帯のゼロ歳から二歳の子どもについては月額四万二〇〇〇円まで利用料が無料です。

このようにこの幼保無償化は貧困層から富裕層まで一律に、幼児教育の費用負担を軽減しました。日本政府のこの政策決定への影響がどの程度かは定かではありませんが、幼児教育の無償化は二〇〇〇年にノーベル経済学賞を受賞したアメリカの労働経済学者のジェームズ・J・ヘックマンが主張していたものです。

ヘックマンは著書『幼児教育の経済学』で、①非認知的スキルの重要性、②就学前教育の影響力、③効率性と公平性をそなえる政策、を指摘しています。①の非認知的スキルとは、「読み・書き・そろばん」などの学力的能力＝認知的スキルとは別の、「相手の気持ちがわかる」とか「感情をコントロールできる」、「目標に向かってがんばることができる」などの数値化した尺度では測れない能力のことです。

非認知的スキルも認知的スキルも、小学校に就学する六歳までに格差が明確になり、その後の子どもたちの人生にも影響を及ぼしていることが明らかになったことにより、ヘックマンは就学前教育の影響力と重要性を指摘し、経済的効率性の観点から幼児教育の無償化を提唱しています。

**佐藤**　ヘックマンは、就学前の教育に行政が効果的な介入をして学ぶ環境を整えれば、とりわけ非認知的スキルを持続的に高めることを、実証的データで明らかにしているわけですね。

**池上**　そうですね、ヘックマンのペリー就学前プロジェクトに参加した子どもを四〇歳まで追跡調査した結果では、このプロジェクトを受けた子どもは受けなかった子どもよりも学力テストの成績がよく、収入が多く、持ち家率が高く、生活保護受給率や逮捕率が低かったことが明らかになりました。ヘックマンはこうした長期にわたる実証的な研究結果より、子どもが成人後に成功に至るかどうかは幼少期の介入の質に大きく影響されると強調しています。

**佐藤**　低所得者層だけではなく、中間層から富裕層にまで無償化の範囲を広げ、すべての子どもに就学前の幼児教育のサービスを提供することにしたのは、ヘックマンの主張に沿ったものであり、前述した普遍主義に基づく政策だといえますね。

## 幼保無償化のもうひとつの視点

**遠藤**　幼保無償化は二〇一七年一二月に「人づくり」のための新たな政策のひとつとして閣議決定され、二〇一九年一〇月から実施されています。財源は消費税一〇%になったことによる増税の使い道を変更して確保されました。なぜ、いま、突然にという思いがします。私はこの無償化問題が人づくり政策から来ていることにも注目したいと思います。これまでも義務教育年齢の引き下げについては議論されてきた経緯がありましたが、国民の関心事にはいまひとつという感は否めませんので、ここで懸案の義務教育年齢の引き下げ問題に舵《かじ》を切ったのかもしれません。考えてみればその準備は進んできていたと思います。二〇〇八年に保育所保育要領が改正されましたが、それまでは通知として出されていましたが、この時から告示となりました。そして、前述したように、二〇一八年に改正された幼稚園、保育所、認定こども園の保育・教育要領はゴールが一致するように整合性を持たせた内容になりました。

そして二〇一九年からは三歳から五歳までの子どもは親の所得に関係なく無償としたのです。たしかに子育て世帯にとって無償化は歓迎されるかもしれませんが、幼稚園、保育所の保育料はすでに所得に応じて無理のない金額に決められており保育料は各家庭においてそれほど大きな負担感はなかったと思いますので、無償化は高所得の世帯ほど恩恵を受けることになります。無償化がスタートするにあたって問題になったのは、認可外保育施設の問題でした。認可外保育施設は二〇一八年現在で一万二〇〇〇カ所あり、二二万人の子どもたちが入所しています。この無認可保育施設の利用者も無償化の対象ですが、そのためには施設が都道府県等に届け出なければなりません。認可施設よりやや緩やかな設置基準が示されていますが、立ち入り検査をしたところ、指導監督基準の適合施設は五七％でした（内閣府二〇一八年調べ）。五年間の猶予期間は設けられていますが、無認可保育施設に子どもを預けている親のうち、無償化の恩恵を受けられない取りこぼしがあるかもしれません。認可外施設の保育サービスの実態は施設運営者の考え次第ですので、施設利用料として支払われる公費が利用者の要望に沿ったものとして使われているかどうかのチェックは都道府県等からの指導監督の頻度及び内容次第です。

このような拙速な政策には議論すべき点を明確にしながら批判的な視点で検証していかなければならないと思います。就学前の乳幼児の教育や保育の内容はその後の人格形成に大きく影響をあたえますので、今、私たちは何を与えようとしているのかを議論し、その役割を担う保育者の専門的な力量を高め、働きやすい環境を整えるにはどうしたらよいか、保育・教育の成果をどのように評価するかなど議論が必要なことはたくさんあります。乳幼児の保育制度が国民にとって未来を託すにふさわしい制度として成熟してほしいと思います。

**佐藤** 厚労省の調査で「生活が苦しい」と答えている人のなかには、相対的貧困状態の親もいるでしょう。そうした収入が他の人に比べて半分以下の親に育てられる子どももも学校には通えます。学習塾に通えている子どももいると思います。だから一見すると、違いがわからない。

でも本当は、親の経済状態が子どもの教育に反映され、教育格差が生じ、進学や就職に負の影響を与えます。その結果、親の貧困が子の貧困に引き継がれる貧困の世代間連鎖から抜け出せず、高等教育を受け高収入を得られる仕事に就くという社会的な上昇ができなくなっています。つまり、相対的貧困家庭の子どもは、構造的に非常に弱いところに置かれてしまっているのです。

問題は、絶対的貧困の食べられない人に対して援助することは社会的なコンセンサスが得られているんだけれども、相対的な貧困への支援に対してこの国は異常に冷たいことです。多くの国民が「子どもの貧困」を知らないか、知っても見て見ぬふりをしているのです。

**池上** そういう側面がありますね。東大生の親の世帯収入が高いということはかなり知られるようになってきました。また東京都の都立御三家と呼ばれる偏差値の高い高校、あるいは都立の中高一貫校に合格するのは、経済的に豊かな家庭の子どもが多いということもいわれます。都立高校の学費自体は安くても、月謝の高い塾に通うための経済的負担は少なくないからです。

難関校への合格者数を誇る有名私立高校や中学に通うことができるのは、高額の授業料を負担できる裕福な家庭の子どもに限られてきている傾向が顕著になってきています。こうした親や家庭の経済格差による、子どもの教育格差がどんどん拡大しています。

私の大学での授業において受講している学生に、あなたが子どものころに身近なところで感じた貧困について、を差し支えない範囲でたずねたことがあります。そのなかには、「小学校のときに、給食費を払う日になると、いつも先生から呼び出されてしばらく話をしている子がいました。最初はなぜ呼ばれるかわからなかったけれど、理由がわかってすごくかわいそうに思いました。その子は勉強ができました。塾には行かなかったのですが、私より頭のいい子が行く高校に受かりました」と書かれているものもありました。当時は、給食費は子どもが学校に持参して担任の先生に渡していたので、こういうことが、子どもたちの目の前で繰り広げられていたことがリアルに伝わってきますね。

**佐藤**　いまは銀行振込になっているので、給食費を払える、払えないは見えなくなっていますね。

**池上**　そうですね。いまの大学生が小学生のころの体験になります。子どもはこういうふうにして、他の子どもが置かれている生活の様子を垣間《かいま》見ることになったり、そこから自分のうちのことや自分がどういう環境にあるのかというリアリティを感じながら成長してゆくのだなということを実感しました。

そういう意味では、公教育のなかで子どもの時期に貧困について考えたり理解する機会をもつことは、子ども一人ひとりが自分の将来設計や自分が生きていくことに社会のことはどのように関係しているのかを考えていくことにつながり、教科学習ではなしえない、とても大切な体験になっているということを、学生をとおして深く考えさせられました。

**遠藤**　貧困の世代間連鎖（スパイラル）はそのとおりですが、私は、子どもの貧困という言葉は政府がつくったのではないかという気がするのです。

**池上**　『子どもの貧困』（岩波新書）という本が二〇〇八（平成二〇）年に出ています。著者の阿部彩《あべあや》さんはタイトルおよび著書の焦点を「子どもの貧困」に絞った理由として「貧困対策を提唱する際に生じる「自己責任論」と緊張が、こどもの貧困に特化すれば、それほど強く生じないからである。……」（二四七ページ）と述べています。そして、「こどもの貧困に対処し、貧困の連鎖を断ち切ることで、大人の貧困ものちのちには緩和できると考えたからである」としています。この貧困の世代間連鎖の遮断のための子どもの貧困対策という観点は、子どもの貧困問題の根幹でもあります。

**佐藤**　福祉を考えるとき自助、共助、公助がキーワードになります。地方に行くと、子どもの貧困を絶対に認めない人がいわゆる「地方の名士」に多く、貧困は自分もしくは家族で解決するべき問題で、国や地方自治体からのおおやけの助け、つまり公助は必要ないという考えです。でも、これまで見てきたように貧困に苦しむ子どもが増えているのは明らかで、救いの手を差し伸べなければならないのも、また明らかです。

**池上**　地域で影響力のある立場にいる人たちの一部の人になかなか子どもの貧困を認められないのは、自分が強い影響力をもつ地域で貧困の問題があるという現実を認めたくないという気持ちが強いということが言われてきました。

また、子どもに自己責任を押しつけるわけにもいかず、社会、すなわち自分たち大人が本来果たすべき役割、責任を果たしていないことのうしろめたさがあるのではないかということもいわれてきましたが、最近は子どもの貧困問題への取り組みが報道でも取り上げられることが増え、先験的な問題に取り組んでいるという社会的イメージもあり、少しずつ地域の子どもの貧困問題に向けた企画も出てくるようになりました。

**佐藤**　地方の名士がいだく家族像は、両親と子どもが二、三人に祖父母が同居している三世代家族です。そこでは、外で稼いでくる夫を専業主婦の妻が家事労働でしっかり支え、お金と時間に余裕のある祖父母が折に触れて物心両面で援助するわけです。

ところが、そんな家族はいまでは圧倒的に少数派です。これも厚労省の国民生活基礎調査の統計ですが、二〇一六年の日本の世帯数は約五〇〇〇万世帯で、このうち三世代世帯はたったの五・九％です。いちばん多いのは夫婦と未婚の子どもの世帯で二九・五％、次に多いのが単独世帯で二六・九％、三番目が夫婦だけの世帯の二三・七％となっています。

つけ加えると、ひとり親世帯が一四一万九〇〇〇世帯あって、このうち母親と子ども世帯が一二三万二〇〇〇世帯です。これが日本の家族の実像で、誰にとっても孤立やそこから生じる貧困が身近なものであることがわかります。

**遠藤**　政府は子どもの貧困解消のためとして、「子どもの貧困対策の推進に関する法律」（二〇一三年）と「子どもの貧困対策に関する大綱」（二〇一四年）のいわゆる「子どもの貧困対策法」をつくりました。子どもの将来が生まれ育った環境で左右されないように、生活支援や教育支援を行うというものです。

二〇一九年にはこれを改正して、市町村などの地方自治体が具体的な計画をつくるようにしました。ただし、これは努力義務なので、実際に独自の施策をつくって実施に移しているところはまだ少ないようです。わが国では地域の子どもたちのことを丸ごと見守るというシステムはありません。高齢者のための地域包括支援センターのような働きをする機関が子どもたちのためにも必要ではないかと考えています。子どもの生活する範囲は決して広くはないのですから、なにか相談事があったらそこを頼るようにすること、そこのソーシャルワーカーは必要に応じて、支援プログラムを実施したり、地域の社会資源につなげたり、家族も含めて見守るということがあるといいと思います。二〇二〇年度から「地域連携推進員（仮称）」を保育所に置くことができるようになりましたが、保育所を基点に地域社会の子どもたちを見守り、寄り添うことができればいいと思います。

**池上**　日本の現状では地域の子どもたち、とくに社会的養護の可能性もある子どもたちに対して市町村単位の自治体で取り組む「要保護児童対策地域協議会」が設置されています。そこでは地域で虐待やネグレクトなど社会的養護の可能性がある子どもたち一人ひとりについて市町村と学校、関係諸機関が連携しながら総合的な支援・援助を展開し、活発に連携、支援している地域の事例を厚労省のホームページで紹介しています。

## 子ども食堂がコミュニティを再生する

**遠藤**　近年子ども食堂が地域の子どもたちの生活を支え、つながりをつくっていく拠点になろうとしています。子ども食堂には、相対的貧困層の子どもたちが集まってくるわけです。でも、ただご飯を食べに来ているだけじゃなく同じような境遇の仲間がいて、みんなで寄り集まれることが喜びにもなっているのだと思います。

**佐藤**　だから重要なんです。社会活動家の湯浅誠さんが理事長を務めるＮＰＯ法人「全国子ども食堂支援センター・むすびえ」によると、子ども食堂は全国に三七一八カ所あって（二〇一九年六月現在）、前年比で一・六倍に増えています。

**遠藤**　貧しいとどうしても孤立しやすいのです。ですから自分の居場所がほしいわけです。そういうことを解決する一つの手段として、子ども食堂が評価されているのだろうと思います。

**佐藤**　兵庫県の明石市の子ども食堂は成功事例の一つです。すべての小学校区に一つずつ行政が子ども食堂をつくったのですが、ポイントは貧困層だけではなく、中産階級の家庭の人たちも行くようにしたことです。

「子ども食堂は貧乏人の行くところだ」というスティグマ（負の刻印）がついている限り、成功しないんですよ。子ども食堂があるところではスナック、あるところではレストランというように、いろいろなものと組み合わせることで、地域に必要な食堂として開かれてきます。

**遠藤**　子どものコミュニティは小さいですよね。子どもの貧困が社会的な関心事になったことで、小さいところ狭いところからコミュニティを再生する一つの手がかりが得られたという意味で、とてもよかったと思います。

私が日本の社会事業の歴史を学んだ吉田久一《よしだきゅういち》先生は「戦後の日本は財閥解体と大地主が支配していた農地を自作農に開放して農地改革に成功したが、コミュニティの再生はできなかった。だから戦後の社会福祉の課題のひとつはコミュニティの再生だ」とおっしゃっていました。

日本は戦後、古《いにしえ》からのコミュニティが壊れてしまったために、暮らしが守りきれなくなっているという面があると思います。どのようなコミュニティを作ったらいいのかが私たちに問われていると思いますが、福祉は生活を拠点とした活動ですから、コミュニティの再生はまさに福祉から生まれてくると思います。子ども食堂などもそのひとつのきっかけになるかもしれません。

**池上**　そういう意味では子どもの貧困は親の逆境の連鎖の問題だけではなく、社会のひずみを映し出している問題でもあります。それゆえに社会全体で統合的に取り組まねばならない問題であり、そのあり方のひとつとしてコミュニティに目を向けていく必要性はとても切実です。

### 貧困層のなかで生まれる分断

**佐藤**　自立援助ホームにしても社会的養護にしても、放っておいたら命にかかわるという構造があります。絶対的貧困の解決のための手段として位置づけるべきです。繰り返しになりますが、絶対的貧困については社会的なコンセンサスが完全にあるので、誰も反対しないんですよ。

しかしその一方で、相対的貧困が見えなくなってしまう。そうすると、相対的貧困層からすると、絶対的貧困にいる人たちというのはタダ飯を食っているみたいに見えてくるわけです。それで貧困層のなかで分断が生まれてしまう。子どもの貧困を考えるとき危ういのは、こうした分断や差別の再生産が行われることです。

**池上**　社会のなかで、さらなる分断や差異化が生じていることをとても危惧しています。たとえば、児童養護施設の子どもたちが進学できるようにするための給付型奨学金の取り組みが活発になってきました。児童養護施設出身の高校生の大学進学率を高めるために、県立大学に推薦入試枠を設けたり、住まいを提供したりする自治体もでてきました。

それまでは、それこそ施設の先生がその必要性をどんなに訴えても、「どうして進学しなきゃいけないんですか」とかいわれたり、「まず安定した仕事を探すのが先じゃないですか」という意見があり行政や関係者の受けとめ方は、難しいものがありました。ところが、「子どもの貧困」が国際的な問題になり、マスコミでいろいろ報道されるようになるにつれて、目を向けられるようになりました。

私が、授業で子どもの貧困と社会的不利をテーマにしたときにある学生のリアクションペーパーに、

〈社会的養護を勉強し、児童養護施設に入れば進学の援助があって給付型の奨学金がも

らえることを初めて知った。高校一年のときからほかの人が塾に行っているときに自分はアルバイトをした。必死になって勉強をしたけれど、希望する大学には行けなかった。自分は母子家庭で、なにもかも自分の力でやらなければ大学に入れなかったけど、児童養護施設の子どもたちはいろいろな制度を職員さんから教えてもらって、それを利用しながら勉強することができる。自分も、母親と離れて施設に入ったほうが、かえって母親にも楽させてあげることができてそのほうがよかったのかなと複雑な気持ちになりました〉

とつづられていました。これを読んで、児童福祉に関する正しい情報が子どもたち自身にもその子どもの親にも伝わっていない、ということがよくわかります。経験してきた若い当事者でなければ伝えることができない現実を重く考えさせられました。

## 児童養護施設出身者への進学支援

**佐藤**　児童養護施設で生活していた高校生が大学に進学すると、たしかにいろいろな支援を受けられますね。日本学生支援機構は一時金や毎月、給付金を支給してくれ、社会福祉協議会は無利子で生活費などを貸してくれます。

　大学にもさまざまな奨学金制度があって、日本福祉大学と日本社会事業大学の福祉系の大学では、入学金や授業料の減免が受けられます。青山学院大学は児童養護施設推薦入試制度を設けており、書類審査と面接審査に合格すると、入学金や授業料がすべて無料となり、月額一〇万円の奨学金が給付されます。早稲田大学でも入学金、授業料が免除されます。

　幼保無償化については先ほど取り上げましたが、私立高校の実質無償化と高等教育無償化もセットになっていて、幼保無償化の半年後の二〇二〇年四月から実施されています。ですから、児童養護施設の出身者や世帯収入が二七〇万円未満の住民税非課税世帯およびそれに準ずる世帯の学生は、大学や専門学校の入学金や授業料が減免され、給付金も支給されます。

　ただし、それでも上級学校に進んで高等教育を受ければ、将来の展望が開けると安易にいうことはできません。可能性はたしかに広がったかもしれませんが、奨学金制度や入学金や授業料の減免を受けるのは簡単ではなく、施設を出て学生生活を送るための生活費は自分で稼がなければならないからです。

いずれにしても、社会的養護の子どもだけではなく、低所得者層の子どもにも救済措置を取らざるをえなくなったのは、前にいった良質な労働力の確保のためなのですが、図らずも子どもの貧困を可視化する結果にもなっています。

**池上**　高等教育を受けるための取り組みが強化される一方で、数年前の東京都の調査ではこんなことが明らかになっています。東京都が都内の小五、中二、高二の子どもがいる家庭約二万世帯を調査した結果、約二〇%が困窮層にあることがわかりました。困窮層とは、世帯年収が少なく公共料金が支払えないなど生活に困難がある層です。こうした困窮層の高校生の二一・九%が毎日を一日二食で過ごし、同じく困窮層の高校生の一八・八%が歯科や眼科などの医療が必要な状態であるにもかかわらず、医療費が払えないので受診できないと回答しています。また近視が進行しているが眼鏡を買えない、そのことを親に言い出せないでいる子どもたちも少なくないことが明らかとなりました。

そしてこうした経済的困難は自己肯定感にも影響を及ぼし、困窮層の高校生では、自分は価値がある人間だとは思わないと回答した子どもが一三・一%にものぼりました。経済的困難、物質的困難が自己肯定感を傷つけ精神的困難へと追い詰めていっていることが浮き彫りになっています。

## 里親と特別養子縁組制度

**池上**　貧困や不適切な養育、虐待から子どもたち（一八歳未満の子ども）を守る社会的養護で重要な役割を果たしているのが、里親と特別養子縁組の制度です。社会的養護には、大きく分けて家庭養護と施設養護の二種類があります。施設養護は、児童養護施設や乳児院、自立援助ホームなどで子どもを保護し育てることです。家庭養護に分類されるのが、里親（ファミリーホームを含む）と特別養子縁組です。

**佐藤**　家庭養護で育てられている子どもの数はどれくらいなのですか。

**池上**　社会的養護の対象となっている子どもの数は、厚労省の調査によると四万五五五一人（二〇一八年二月一日現在）で、このうち里親に委託されているのは六八九五人です。これにはファミリーホームの子ども（一五一三人）も含まれます。ですから、里親のもとで育っている子どもは全体の約一五%になります。これを里親委託率といいます。

里親制度は、親と死別したり、虐待やネグレクトで保護が必要な子どもの養育を、児童福祉法に基づき行政（都道府県）が一般家庭（里親）に委託するものです。具体的には、各地の児童相談所が、二年間以上の研修を経て里親として認定され登録した里親と子ども（里子）の交流期間を体験し、児童相談所が問題なしと判断すれば里親として子どもの養育を委託します。

里親には養育里親、専門里親、養子縁組里親、親族里親という四つの区分があり、代表的なものが養育里親です。養子縁組里親は将来、里子との特別養子縁組を希望する里親のための制度です。

ファミリーホームは、四人から六人の子どもを里親の住居で養育してゆく家庭養護の制度です。

**佐藤**　もう一つの家庭養護である特別養子縁組は、里親制度とは大きな違いがありますね。

**池上**　里親制度が児童福祉法に規定されているのに対して、特別養子縁組は一九八七（昭和六二）年の民法改正で新たに法制化された制度だという違いがあります。里親では法的な親子関係は生じませんが、特別養子縁組では家庭裁判所の決定を経て育ての親の子どもとなり、実の親との法的な関係はなくなります。

特別養子縁組の成立件数は、二〇〇五年から二〇一二年までは年間三〇〇件くらいで推移していたのですが、それ以降急増し、二〇一八年は六二四件となっています。これは先ほどの児童養護の統計にはカウントされていませんが、厚労省は児童福祉の一環として、近年普及に力を入れています。

## 家庭養護に大きく舵を切った日本

**佐藤**　日本の里親や養子縁組は欧米に比べて極端に少ないといわれていますが、日本政府の方針がここ数年の間に大きく変わっていますね。
**池上**　日本政府は二〇一六年に児童福祉法を改正し、里親を増やす方針を明確にしました。あわせて特別養子縁組の普及促進もうたっています。一七年には「新しい社会的養育ビジョン」をつくって、達成目標を具体的に示しています。たとえば、次のようなものです。

①就学前の子どもの里親委託率を七年以内に七五％に引き上げる
②学童期以降の子どもは一〇年以内をめどに里親委託率を五〇％以上にする
③施設での滞在期間は幼児は数カ月以内、学童期以降は一年以内とする
④特別養子縁組は五年以内に年間一〇〇〇人以上の成立をめざす

これまでの社会的養護の政策を一八〇度大転換して、家庭養護にシフトさせるというものですが、現状から見て、里親委託率の目標達成はまず困難です。

**佐藤**　このビジョンは、要するに里親にお金をあげるから、何とかして一八歳まで育てて社会に出て働けるようにしてくださいというものでしかありません。特別養子縁組については、子どもができない親が子どもを欲しがっているから勝手にやったらいいんじゃないという、それくらい非常に無責任で、かつ冷たい感じがします。

裏返していうならば、この二つの制度に対しては、その程度の姿勢なのに、なぜそのベースにある社会的養護の根幹をなす施設養護を解体するようなことをしようとしているのかが、私には理解できません。

あえて仮説をいえば、これをつくった官僚は子どもを見ていない。児童養護施設も見

ていない。里親も見ていない。特別養子縁組をする親たちのことも見ていない。何を見ているかといえば政治家です。

**池上**　養育里親には、これまで養育費などの委託費として子ども一人の場合は八万六〇〇〇円、二人目からは半額の四万三〇〇〇円を支給してきました（専門里親等、種別が違う里親では金額が異なる）。二〇二〇年度からは里親委託拡大のため子ども一人につき一律八万九〇〇〇円に増額しました。さらに、里親に登録する際に受ける研修費用（一日三四九〇円）と交流期間の生活費（一日五一八〇円）が支給されます。

登録された里親は最大四人まで養育を委託されます。四人委託された里親家庭には毎月三六万円が支給されます。これまでに里親養育を担った人は委託費が多いからなのかというと、必ずしもそうとは言えません。里親養育に携わる人たちの多くは、もっと異なる理由や強い気持ちから続けてきています。里親委託拡大の促進のために委託費の増額を結びつけるよりも、実際に里親養育に携わっている里親の人たちが真に必要としている心理的支援やきめ細かいサポート体制が現実的にとても必要だと思います。

## 里親への委託費が子ども一人につき約九万円

**佐藤**　里親の圧倒的大多数が社会的養護を担う責任感を持って養育に従事していることは間違いありません。ただし、三六万円といえば大変な金額で、ビジネスとして十分に成り立ちます。

**池上**　そういうとらえ方もありうることは否定することはできません。ただ私が出会ってきた里親の多くは、社会的養護を担う責任感を持たれて養育を担われています。ただ現在の行政の仕組みではごく一部ではあるけれども、歪んだ動機であったり不適切な養育をチェックし適切に対応する仕組みが十分に機能しているとは言い難いところがあります。主には、マンパワーの問題が大きいです。

**遠藤**　そういうことが予測されても、里親を拡大したいと国は考えているわけですね。

**佐藤**　これはじつは老人介護も同じですが、施設介護をこれ以上増やすことはさらに財政負担を増やすことになるから、それよりも、里親の委託金を増やしたほうが安くすむという計算だと思いますよ。できるだけ民間に任せるという新自由主義が社会保障にも及んでいるということです。

子どもの立場になってみると、里親と良好な関係が築けた場合とそうではなかった関係とでは大きなちがいがありますが、実の親の親権が解除されないわけですから、実の親が返せといえば、いつでも返さないといけないわけです。特別養子縁組の場合は、実の親の親権が解除されますから、入り口でどちらを選ぶかという問題にもなってきます。

**遠藤**　特別養子縁組の親と里親とはだいぶ違いがありますね。

**佐藤**　里親のように高額なお金が絡んでくるとモラルハザードが起きる可能性も排除できなくなります。

特別養子縁組の場合は、経済的に安定しているし、子どもの教育にもお金をかける人も少なくありません。かりに子どもが障害を持っていたとしても、納得したうえで特別養子縁組をするのが通例なので、手放してしまうことは少ないです。ただし、国からの助成金はまったくない。里親にせよ特別養子縁組にせよ、重要なのは子どもが幸せになることです。

**遠藤**　日本政府は、特別養子縁組よりも里親を増やしていきたいということでしょうか。池上先生のお話にあったように、「新しい社会的養育ビジョン」では、年一〇〇〇件の特別養子縁組を成立させるという目標を立て、実際に増えているようですが。

**佐藤**　私は特別養子縁組に関して政府は非常に抑制的だという印象を受けています。生みの親のところで育つのが、生みの親との関係が切れないことが子どもにとっていちばん幸せなんだという価値観が強いからだと思います。

## 海外に逆行する日本の社会的養護

**遠藤**　先進主要国では里親に関する長い歴史があり、学ぶところも多くあります。里親制度は国によって親としての権利、義務をどう考えるかが宗教や伝統、風習によって異なりますので各国で様相を異にしています。日本が参考にしているイギリスの現状をイギリス在住のブレイディみかこさんがリポートされています（『子どもたちの階級闘争』みすず書房、二〇一七年、二二二ページ）。このリポートは英国政府が一部出資しているチャンネル４が制作・放映したドキュメンタリー「Lost in Care」によるものです。英国政府は里親の限界を認識し、ドイツ型の小規模で家庭的な養護施設に注目して実験的にエセックス州を中心に開設し始めているとのことです。イギリスの方々が認識した里親の限界として同書では次の四点を指摘しています。

①いくら然るべきトレーニングを受け地方自治体から認定されていても、里親はチャイルドケアや児童心理学の素人であり、養護施設で働くプロのような知識は持っていない。よって里親、すなわち「素人のお父さんやお母さん」では、家で自傷行為（自殺未遂を含む）や問題行為（破壊行為、動物虐待、異常に早熟な性行為など）を行うことの多い問題家庭出身の子どもへの対応が適切にできていないことが多い。

②養育の現場が一般家庭同様に閉ざされた（他人のいない）場所であることから、預かった子どもに虐待を加えたり、養育を放棄する里親があり、英国ではそうした事件が実の親による虐待事件と同じぐらい問題になっている。

③優れた里親や懐の深い里親（障害児や精神の病を患った子どもも預かります。という里親）のところにより難しい子どもを送ろうとする意図から、子どものたらい回し現象が起こることがあり、これが子どもたちの発達障害や精神の病をより悪

化させるケースがある。

④里親に報酬が支払われる「仮想家庭」制度であることから、地方自治体から手当が支払われなくなる年齢が近くなると「さっさと出て行け」的な態度を取る里親が多く、また、家族と同じ洗濯機を使わせてもらえないなどの微妙なところでの部外者扱いで傷つく子どもが多い。それで子どもが反抗的になって暴れたりすると、あっさりギヴアップして子どもを地方自治体に戻す里親も少なくない。里親というより「雇われペアレンツ」と化して、気に入らない子どもを返したり別の子どもを要求することも可能である。

このような問題が起こっているのです。この番組に出演した里親体験の若者たちの談話によれば平均して一〇回は里親を変更されていたそうです。これはたとえば六歳から一六歳まで一〇年間この里親制度の世話になったとすると毎年一回は代わったことになります。ブレイディみかこさんはいま日本ではこのイギリスの里親制度のノウハウを学んで政策を推進していこうとしていることを危惧して紹介してくださっています。

また、アメリカでも離婚、再婚と家族の変容が激しく、他人の子どもの世話をする里親が減少してきているといわれています。里親での養育が望ましいといわれる理由は子どものために安定した養育環境を保障することだ、といわれていますが、外国のように子ども時代に何回も生活の場所が変わり、お世話をしてくれる人が代わることが、子どもたちにどれほど不安や淋《さび》しさや悲しみをもたらし、心に傷を負わせることになるかわかりません。日本では先に紹介されていました「新しい養育ビジョン」で里親を推進しようとしていますが、日本人の家族観は血縁重視の傾向が強いものですから、子どもの安定した養育環境としての養育里親という考えは育ちにくいものがあると思います。いまの日本の政府の動きに対して警鐘をならす方たちも多くいて、再考を促すための署名活動も行われています。

**佐藤**　それは、里親を増やすことに反対だということですか。

**遠藤**　いいえ。里親制度は否定していませんが、三歳未満児はおおむね五年以内に、就学前の子どもについてはおおむね七年以内に里親委託率を七五％以上の実現、学童期以降はおおむね一〇年以内に五〇％以上を里親に委託するように、としていることなど、この数値を外し、子ども本位の進め方を要望しています。

**佐藤**　いま社会的養護の対象になっている子どもが四万五〇〇〇人といわれるのは、施設の器が四万五〇〇〇人分しかないからです。それから、施設養護はいわばプロの人たちが子どもたちの面倒をみるわけです。そこが里親とは違います。

特別養子縁組にしても、光が当たるのはいいことですが、残念ながらいいことだけではありません。好奇の目にさらされたり、インターネットで事実上の人身売買を行うような業者が入ってきても、一時期それを阻止できなかったことがあります。

ですから、特別養子縁組の現場はよくなったのか、それとも悪くなったのか、トータルに考えると、私はその判断は非常にむずかしいと思います。ただ、世界規模で福祉事業や国際協力事業を行っている日本財団のような公益法人が大きくかかわるようになったのは、ひとつの変化です。

**遠藤**　それは、プラスの変化という意味ですか。

**佐藤**　いまのところ目に見える結果がでていないので何ともいえません。ただし、いままでの特別養子縁組のあり方だと、宗教団体を除けば、特別の思いを持っていて、なおかつ経済力がある人が養子縁組の斡旋《あっせん》をする団体の事実上の運営をしていました。一部の篤志家の尋常でない努力に頼るシステムには限界があります。

そのあたりのことを病院がやり始めたり、日本財団のような大きいところが入ってきたりして制度化されていくのは肯定的な意味があると思いますが。

**池上**　そうですね、そうした社会的養護の最前線の動きともいえるのが、昨年（二〇一九年）一二月、熊本の慈恵病院における「内密出産」の導入と取り組みです。慈恵病院は親が育てられない子どもを匿名で預かる「こうのとりゆりかご」（赤ちゃんポスト）を一〇年以上にわたり運営してきましたが、予期せぬ妊娠をして匿名を望む母親が病院に身元を明かした状態での出産を受け入れると同時に、子が後年自分の出自を知る権利を保障する仕組みを設けました。こうした「内密出産」の取り組みはドイツでは二〇一四年に法制化されていますが、日本では初めての取り組みです。慈恵病院のように最前線での実践の現実から、やむなく新たな取り組みに歩み出し、制度化があとからついていくという動きにはなりますが佐藤先生がいわれたようにそこに肯定的な意義がありますし、日本の社会的養護の重要な変り目をむかえていると思います。

# 第4章　「子どもを守る仕事」に求められる三つの力

## 社会的養護の人材確保と育成が課題

池上　前章で、児童福祉行政の政府の方針が施設中心から里親や特別養子縁組の家庭養護に大きく変わりつつある、というお話が出ました。

足元に目を向けてみると、東京都では二三区ごとに児童相談所を設置することができるようになり、二〇二〇年に入ってから、荒川区、江戸川区、世田谷区の三つの区で児童養護施設が新設され、江戸川区と世田谷区は二〇二〇年四月に開設されました。

このため、東京都では児童福祉司および児童心理司が数十人も新規で採用になりました。また、児童養護施設が一つ新設になれば、小規模でも少なくとも四〇人くらいは職員が必要なので、三つなら一〇〇人以上の職員が必要になります。結果的には児童養護施設が社会に果たす役割が大きくなり、そこで働く人たちがますます貴重かつ重要な役割を果たす人材になっていきます。

**佐藤**　政府の政策にはいろいろ問題があります。私が強調したいのは、児童養護施設で働く職員のみなさんに自信を持っていただきたいということです。
遠藤先生が理事長をされていた児童養護施設の二葉学園に行ってわかったことですが、そこでは本当に子ども本位のシステムが確立されているし、職員の方が大変なエネルギーをそそいで丁寧に子どもたちと接しています。おべんちゃらを言うわけではありませんが、それを見てすばらしいと思いました。
**池上**　いまはどの業種、職種でも同じだとはいえ、児童福祉、とくに社会的養護に近い領域ほど多くの人材が求められている現場はありません。人材が足りないだけではなく、人材の研修・育成が課題になっています。
東京都では、区の垣根《かきね》を越えて児童相談所の職員が相互に研修をしたり、区の職員のなかから、新しく立ち上げた児童相談所で重要な役割を担う職員を育てるために、同じ規模の市の児童相談所に研修に行って、組織の運営や管理の仕方を一通り実践で勉強してもらうといったことが行われています。一方で、区で新しく職員を採用する場合、行政職員としての採用なので、福祉の関連部署に配属された職員は、四、五年たつと異動になる場合もあります。そうすると次の部署は福祉とは限りませんし、また福祉行政とその実務には慣れていない人が担当になる可能性もあり、専門性をどのくらい担保できるのかが問題になってきます。

近年、児童相談所がかかわってきたにもかかわらず、親の虐待で子どもが死亡してしまうという痛ましい事件が相次いでいます。児童相談所を立ち上げてから三、四年目で、最初の立ち上げの職員が異動になり、入れ替わった時期と事件発生が重なってしまっていたというケースもあります。

**佐藤**　「児相が的確に対応していれば、事件は防げたはずだ」という批判がありますが、私は外交官だったので、公務員の勤務実態が皮膚感覚でわかります。私の経験から見て、児相で働く人たちは、物理的にかなりきついオーバーワークの状況に置かれていると思います。端的にいって、明らかにマンパワーが不足しているのです。だから、いま行政でやるべきことは、職員の役割分担を明確にして、仕事の量に見合った定員をきちんとつけるということです。

前章で池上先生が説明された、児童虐待防止法の改正の趣旨をどこまで現場に反映させることができるかがポイントだと思います。

それから、同じ福祉の仕事といっても地方公務員として児相などの職員になるか、児童福祉施設で働くかで、働き方がまったく異なります。これを二〇代から三〇代で人事交流できるようにすれば、双方の仕事への意識や取り組み方が大きく変わってきます。これは地方行政のトップの決断次第ですぐにでもできることです。

**遠藤**　私もそう思います。自治体においては福祉行政のウェイトがこれだけ大きくなってきているのですから、住民に対してより効果的で、迅速な福祉サービスを提供しなければなりません。福祉行政は専門性の高い分野ですので、そのような視点で人事を考えていただかなければならないと思います。しかし、そのことを可能にするためには、現状の課題に十分応えられるような専門教育がなされていることが前提となるかもしれませんね。

## 能力や人格を成長させる

**池上**　福祉の現場で働く人には、いまおっしゃったようなかたちのものも含めてスキルアップのための研鑽《けんさん》が求められていることもたしかです。遠藤先生は児童福祉に携わる人間にはどんなことが求められていると考えますか。

**遠藤**　人間にはそれぞれ持ってうまれた能力や資質というものがあると思います。しかし、教育によってその人の能力や資質をその時代に合った役割を果たせるように成長させ、変化させることができるのではないかとも思っています。

福祉の現場、とくに子どもが相手の仕事は、子ども自身がまだうまく自分を表現できないのですから、基本的にありのままの子どもを受け止めなければなりません。ありのままを受け止める力は、やはり教育プラスその人の持っている受容力や共感力、優しさ、すぐれた感性といった資質があると、より充実した仕事ができるかもしれません。

**池上**　先生のご経験から、まず子どもをありのままに受け止める、そしてそのための能力や資質の向上に宗教がプラスの力になると思われるのですね。

**遠藤**　宗教には普遍性がありますのでそれほど意識しなくてもいいと思いますが、ダライ・ラマ一四世は「どの宗教も人間の育成を目指して人間的な価値を養い育てる力を持っている。人間的な価値とは、具体的には愛情、忍耐、寛容、自制心などの人間ならではの温かい心のことである」（ダライ・ラマ『こころの自伝』春秋社二〇一一年、八九ページ）と言っていますので、確かに宗教で育てられることはあると思います。また、宗教によって自分の限界を超えたものを見たり、感じたりする力のようなものを育てられるので、見えない力に信頼をよせて、自分を託して生きていくことができるので、他者の存在をありのまま認めることは当然のことになるのです。

ですから、もし仏教もキリスト教もイスラム教もなかったら、世界はもっと殺伐としていて人間はもっと愚かな生き物だったかもしれません。

話は少しそれますが、中根《なかね》千枝《ちえ》（一九二六〜）さんという社会人類学者がいます。一九八〇年代だったと思いますが、ラジオで「私が出会った人」というお話をされているのを聴いて、それがとても印象深く、いまでもよく憶えています。

中根さんは南太平洋の孤島で裸のまま、原始的な暮らしをしているような人たちのところへ行って、フィールドワークをされていたそうですが、その人たちと夜たき火を囲んでいると、目がギラギラして獣のようで恐怖心を感じることもあったそうです。しかし、その後、ヒマラヤのふもとにあるブータン王国に行ったそうですが、その国の方々の目がとてもきれいに澄んでいて驚いたそうです。

ブータン王国はヒマラヤ山脈にある人口が約七五万人の小さな国ですが、幸福度世界一といわれている国です。東日本大震災の直後に第五代のワンチュク国王夫妻が来日し話題になりました。

中根さんが訪れたのはまだブータンが鎖国をしているときでしたが、「閉鎖的な社会で何世代にもわたって生きているのに、どうしてこんなに美しい目をしているのだろうと不思議だったのですが、宗教（チベット仏教）が何世代にもわたって人格をつくるのだということを強く感じました」という趣旨のことをおっしゃっていました。

## 人にはそれぞれ役割がある

**池上**　遠藤先生は、日本社会事業大学の学生時代にセツルメント活動を行ったとき、スラム街の圧倒的な現実が、ご自身を突き動かしたとおっしゃっています。そういう過酷な現実としっかり向きあうことが、ご自身のやるべき仕事だと思われましたか。

**遠藤**　向きあわざるをえなかったのでしょうね、きっと。それがなぜできたかをあらためて分析したことはありませんが、私はこれまでもきつい現実や困難に出会っても、一時期は落ち込みますが、「ああ、こういうこともあるのだ」と受け止め直すことをしながら歩んできたように思います。私の力量の限界で問題が解決できなくてもこの人がこうやって生きているということは、神様がよしとしているからだ、と考えることができるのです。私がいま生きているのと同じように、神様はこの人を生かしておられるのだから、私はこの人に向き合っていればいいのだと思うようになったのです。

**佐藤**　一六世紀に起こった宗教改革でルターとともにカトリック教会批判を行ったのがカルヴァンです。宗教改革によって生まれたプロテスタントの教会のなかでカルヴァンの教えに忠実な改革長老派系の人は、みなさん、そんなふうに考えますね。生まれる前から自分が選ばれると思っています。

それを裏返すと、人はみんなそれぞれ生まれる前から役割が決まっているわけだから、それをわれわれの知恵で合理化してもしょうがないという考えです。

**遠藤**　私はそのようにちゃんと教育されていたのでしょうか。

**佐藤**　遠藤先生は戦後の引き揚げで九死に一生を得ましたが、生き残ったのは使命があるからです。生き残ったあと九歳から教会に通い、一六歳くらいのときにキリスト教の洗礼を受けているわけです。根っこにあるのはそのときの教会での教育だと思います。自分の能力は人のために使わなければいけないと考えるのも、教会の刷り込みがすごく大きいように感じます。

**遠藤**　それは自己覚知できますね、自分でわかります。そのとおりです。

**池上**　『生きがいについて』などを著わされた精神科医の神谷美恵子さんも、初めてハンセン病の人たちと出会ったときに「私ではなくて、なぜあなたがたが」という衝撃から、その後の長きにわたるハンセン病の人たちへの取り組みにつながっていることを綴《つづ》られています。広い意味で人間に関わる仕事に出会うとき、なんらかの啓示的な力に導かれていくことがありますね。

## ありのままを受け入れる

**佐藤**　遠藤先生がセツルメント活動をとおして「福祉の仕事は、ザルで水をすくうようなむなしさとどう向き合うか、何かの結果を求めるようではこの仕事は続かないということが、ストンとわかった」とおっしゃっていたのが、私には非常に印象に残りました。

**遠藤**　だまされたり、裏切られたりするときのむなしい、やり切れない気持ちは福祉の仕事の一面でもあるのです。むなしさとは自己肯定感の対極にあるものですが、このような場合も神様がともに担ってくれているから大丈夫だと思うのです。そんなとき、遠軽教会の南義子牧師が「社会事業の仕事は一人で担えるものではなく、神様にともに担ってもらわねばならない仕事だよ」と言われたことを思いおこすのです。

**佐藤**　ある種の仕事というのは、これをやるからすぐに結果が出てくるということではなくて、ここが私の場所なんだという意識を持って日々を生きて仕事をするというところがあります。キリスト教では召命観というのだと思います。仕事は神から与えられたものだという考えですね。

**遠藤**　そんなふうに立派なことを考えていたわけではないのですが（笑）。場というとらえ方も納得がいきます。

**佐藤**　人間一人ひとりにそうやって置かれた場所があるわけですね。

福祉の仕事であれば、世の中を説得するための理屈というものをいろいろとつくらないといけないことがあるわけです。ですから、理屈をつくってそれを広く世の中に伝える学者や専門家も必要です。

貧困の問題をどうやって解決するかといえば、納税者を増やすことが大事です。では、働かない人をどうするのかというと、それはそれでいい。社会にはそういう人たちが一定数いる。引きこもりもそうです。無理やり引きこもりをやめさせて就労させるなんて目標は設定しないほうがいい。いま、そのまま生きていればそれでいい。いろいろな人がいて社会は成り立っています。

社会を完全にきれいなものにして、みんなが九時五時できちんと働いて、規律正しく生活しなければならないというのは、一種のファシズム、全体主義の発想です。いろいろな人がいていいわけです。

群れのなかには足の速い人もいれば遅い人もいる。規則正しく生活できる人もいればできない人もいる。人の助けが必要な人たちもいる。その人たちを誰かが助けなければいけない。

そこでおっしゃるように、何か結果を出してやろうとか、いいことをしているんだという気持ちを持ちすぎると、心が折れやすいかもしれません。あるいは、ダブルスタンダードになってしまう。表面上は非常に丁寧にやっているんだけれども、使命感の後ろにいろいろな曇った感情が生まれると、こういう面も軽視すべきでないと思います。

## 福祉に携わる者は世の中に通じる言葉をもとう

**遠藤**　いろいろな人がいる、だからありのままでいいと誰もが認める社会であれば、児童福祉の現場で仕事をする職員ももっとゆったりした気持ちでいい仕事ができると思いますが、なかなかそうはいかないですね。

**佐藤**　福祉に国が介入しないで、宗教家やビジネスに成功した人に任せるということなら、その人たちに裁量権がありますから、国は何もいいません。ところが、税金が入ってきた瞬間に国民のお金だからということになって、使い道に関してコンプライアンス（法令遵守）がうるさくいわれるようになってしまう。そうすると施設の運営の仕方などがどんどん硬直していきます。

**遠藤**　この半世紀で福祉への国家予算の規模も社会的関心も大きくなっています。かつては、貧しい人や病気や障害がある人の救済事業ですから、世の中の隅で一部のお金持ちや宗教家などの奇特な人がやっていることでしたから誰も口出しをしませんでした。

しかしいまは、福祉の仕事は九九・九％税金で賄われています。すなわち基本的な仕組みとして、福祉の仕事は国民が安心した生活が送れるように国家が行う仕事になってきました。たまたま私たちがその社会福祉の仕事を担っているのです。そこでいつの間にか、そのことを忘れて、自分たちの思うように使おうとすることもあります。

もちろん福祉の仕事は個別性があり、プライバシーの高い仕事ですからお金の使い方も一律にというわけにはいきませんが、税金を使っているものですから、透明性のある仕事でなければならないのです。税金の使い方に関して私たちが説明する責任があると思います。そのときにどの視点に立ってその説明をするかということが、福祉サイドの人間に問われるだろうと思うのです。

私たち福祉の現場で働く人間は、自らのニーズや意見をいうことができない人に代わってものをいわなければならないわけです。むずかしい言い方をすれば代弁者ですから、何かの説明を求められたとき、相手に都合のいいような話をするのではなく、それこそ相手と対決しながら話すことになっていくかもしれません。

私たちの力で福祉を受ける人をどうやって守っていくのか、おそらくそれがこれからの社会福祉に問われることなのかなと思っています。ありのままでいいというときに、それをまわりが納得するようにきちんと説明する力という、ものすごく高い能力が求められていると思いますね。

ですから、福祉の現場で働く人間は世の中に通じる言葉を持っていないといけないし、世の中の動きを的確にとらえて、社会の関心事にあわせながらも、きちっと子どもたちを守ることができる言葉で説明しなければならない。とてもむずかしいことだとは思っていますけれども。

でも、「それはあなたたちにしかできない」と私は職員の人たちの背中をおしていきます。いちばん子どもたちの近くにいる人間だから、その悲しみやつらさを誰よりもよく知っている人間だから、あなたたちが発言しなければ、誰も代わって発言してくれないでしょうって。

## 子どもの代弁者として

**池上**　福祉施設で働いている職員が、子どもの気持ちと立場を伝える代弁者として、どのような力が大切と考えますか。

**遠藤**　施設の職員が子どもの代弁者としてどうふるまえばいいかは、場面によって変わってくると思います。たとえば、子どもが学校で悪さをしたので謝りに行かなければならないということはしょっちゅう起こるわけですが、そのときは徹底して子どもの代弁者でなければなりません。どんなに学校からこてんぱんにいわれても、絶対子どもの側に立つという立場は崩さないということです。

善悪でいえば、かりにやったことが悪ければ、ごめんなさいというのは当然です。でも、そうせざるをえなかった子どもの気持ちは、ひょっとしたら子ども自身もわからないのかもしれません。だったら、先生方がわからないのは当然でしょう。職員だって毎日一緒にいたってわからないかもしれない。子どもは、そのくらい深く重たいものを持った存在なのです。職員としてはそういう考え方で子どもの代弁者としての役割を果たしていくべきではないかと思います。

一方、職員は社会から託されて福祉の仕事をしている人間ですから、社会に向かって、自分たちの仕事を誰にでもよくわかってもらえるように伝えていかなければなりません。それも、子どもの代弁者としての大事な役割だと思います。

**池上**　いまでは発達障害という言葉で子どもや大人の生きづらさをとらえる、あたかも流行語のようになっているところがありますが、現実には子ども一人ひとりその状態はデリケートに異なり、器質的な要因が強い場合もあれば、生育環境の影響を強く受けている場合もあるので、単純に一つの言葉で捉《とら》えたり括《くく》ることでは、子どもが抱えている本質に迫ることはできません。

そういう子どもがいたら、施設の職員さんは子どもの学校との関係では保護者の役割を果たす立場になりますから、学校の担任の先生が理解し受け止められるように説明する力を持っていることがこれからはますます必要になってきます。

施設の職員のみなさんの本当の役割、機能は、子どもとの関係がつくれるというところにとどまらず、子どもがかかわるさまざまな人にその子どものことを適切に説明ができる力がとても重要になってきています。それが社会的養護の施設の職員の方に新たに必要とされている能力だと思います。

## 「祈る」ことの意味

**遠藤**　そのとおりだと思いますね。そういう力を身につけるために必要なことのひとつにいかにして自分を客観視して、事実を冷静に客観的に見るための訓練をきちっとしなければならないということです。

子どもの成長は早いですし、施設にいつまでいられるか、という時間的制約がありますから、往々にして結論を急ぎがちです。そのような時、前にお話しした「祈り」に力があると私は思うのです。問題を抱えた子どもと、そのために苦労している自分のために祈るのです。しばしとどまって祈るような思いで問題に向き合う姿勢すなわち他者にゆだねる姿勢が必要です。

**佐藤**　自力でできると思わないほうがいいですね。祈ることが重要なんです。祈りというのは人間の願望を神に伝えるものではなくて、客観的に見て、われわれの力がおよばない外部があることを知ることです。だから祈りというのは基本的には教会のなかの集団的な祈り、これがベースになります。

その集団的祈りの延長のなかで個人の祈りがあるのだけれども、私的な願望というものの祈りではない。キリスト教ではこういう考え方をします。周辺の環境にゆだねる気持ちというのは外部だから、それは究極的には神になります。人間は人間の力だけですべてをやることはできないという考え方です。

それは決して無為無策ということではありませんし、自分の願望が祈りになるというような、苦しいときの神頼みというものでもありません。

その祈りなかで、われわれ一人ひとりが生かされているということを知ることが大事です。一人ひとりの人間には、保育士であれば子どもをいつくしみ育てる力、教師だったら教え導く力、社会活動家なら社会に働きかける力があるのだけれど、それは神様からもらったものだから、神様に返さないといけない。しかし、ダイレクトに神様に返すことができないから、結局は周囲にいる隣人たちに返す。それは抽象的ではなく、実際に出会った具体的な人間との関係、愛の実践になっていきます。

オープンダイアローグの試み

池上　心理臨床の仕事、とくに心理療法の仕事でも、全力を尽くしても必ずしもすぐに結果として表れないこともあります。そのとき、もちろん、そうなのはなぜだろうかと考え、整理して捉えなおすことは必要です。同時に、こころのなかの取り組みは、ときとしてすぐに結果が出てこないこともあります。心理療法担当者としてクライエントに向かい合っていたときにはいかんともしがたい難渋の重圧に押しつぶされそうな時期があったりします。ときには、そこで面接が中断したり、ひとまず終わるということもあります。ただ時として、時間の醸成により、クライエントのこころのなかで、考えが深められ気づきが生まれていくこともあります。そうしたことを心理療法士が、のちのち知ることになったりすることも、長い間には経験することもあります。人が生きながら何かに取り組む営みには、人知を超えて導かれていくところがあるのだと思います。心理療法でいえば、治療者はもてる力を振り絞って全力を尽くすと同時に、自分の力を超えた何らかの力に委ねる謙虚さも大切だと思います。ここのところを宗教的に考えるか、あるいは哲学的に思索を深めるかは、それぞれのこころのなかの作業になっていくのだと思います。

**遠藤**　心理療法の世界では、そういう考えに至るためにどういう訓練が必要だといわれているのですか。

**池上**　心理療法をいとなむ人たちに最も共有されているのは、スーパービジョンの制度です。臨床に経験を積み指導者としての訓練も受けた人がスーパーバイザーとしてスーパーバイジー（スーパービジョンを受ける立場の人）の面接についての教育指導をしていくものです。スーパービジョンの教育方法は、心理療法の領域ではドイツのベルリン精神分析研究所が最初ですが、ソーシャルワーカーのスーパービジョンは歴史的にはアメリカから始まったと言われています。心理療法の研修ないし研鑽としては、このスーパービジョンのほかに、事例検討会に参加し自分の事例を提出して助言や意見を交えて検討するだけでなく、他の参加者の事例を検討することから学ぶという意義があります。いずれの研修方法でも大切なことは、専門的に裏づけられ責任ある指導者の下で、理論としてテキストやセミナーで学んだことと実際の経験とを結びつけることにより、自分ひとりでは気づかなかったことに気づいたり新たな視点を体験的に学んでいくことです。

**遠藤**　私は、基本的に自分の存在そのものを受容されているという経験がなければ、人を受容できないのではないかなと思っています。私たちの場合は神様に受容され、受け止められて、ありのままでいいとされている、そうであるから相手の存在も認められるのです。そういう構造ではないかなと思います。

　これは人と人との関係でもある程度はあてはまるのではないかと思います。

**佐藤**　最近、精神科医の斎藤環《さいとうたまき》さんがオープンダイアローグによる精神療法を提唱していますね。医師と患者という上下関係を取り払った対話によって、統合失調症の治療を行うというものです。これは患者をありのままの存在として受け入れるということだと思います。

**池上**　オープンダイアローグは、一九八〇年代、フィンランドで主には発症初期の統合失調症の人を対象に患者本人とその家族、親戚、医師、看護師、心理士などの複数の人たちが車座になって「開かれた対話」を、本人の症状が改善されるまで重ねてゆくアプローチ法です。患者と医師だけではなく、家族や友人、看護師、心理士などを交えて対等の立場で対話を重ねてゆき、入院や薬物処方を最小限にとどめます。日本では、斎藤環さんが主に統合失調症やひきこもりの人を対象に実践されています。

**佐藤**　斎藤環さんによると、他人に自分を価値ある存在として認めてもらいたいという承認依存症の人が、最近は多くなっているといいます。そういう人は、自分のなかに客観的な判断の軸になるものがなくて、他者がどう評価するかが基準になる。

そこで、現在の焦眉の問題は就活自殺だというのです。就活の失敗で自殺する人たちが結構いるのです。企業によって承認されなかったことと、学生仲間からも承認されなかったことが結びついて自殺してしまう。これは児童福祉の範囲からは外れますが、重要な問題だと私も思います。

**池上**　むしろ、いまこそ児童福祉とくに社会的養護の領域で必要な視点だと思います。対話の力を再評価し、教育や福祉の現場に「オープンダイアローグ」を導入していく期待を斎藤環さんも述べています。ＳＮＳなどから起因する承認欲求症という見えない関りに呪縛され追い詰められていく関係性ではなく、目の前の人と対話する力、対話により築かれる健全な相互性のある人間関係を経験していくことは、社会的養護の子どもたちと職員にこそ、最も必要なことだと思います。

## 福祉の仕事は愛の実践

**佐藤**　じつは私は、児童福祉の仕事というのは、先ほどちょっといった愛の実践だと考えています。ちょっと理屈っぽい話になりますが、ギリシャ語で愛には三つあります。一つ目はエロースです。明治時代になって欧米の文明を取り入れた日本は、このエロースに日本語の愛をあてましたが、これはほぼ誤訳といっていいと思います。

仏教でいうところの愛には、執着心やセックスといった意味があります。だからいまではエロースというと、あいつはエロいとかいってセックスに近い意味で使われますが、ほんとうは自分に欠けているものへのあこがれを意味します。美しいものに対していだくあこがれの気持ちや、ああいう芸術家になりたいとか、あんな誠実な人になりたいという思いもエロースです。

二つ目はアガペーといって、神様の愛です。何の見返りも求めずに神様が人間に与える愛のことです。でもアガペーは、人間の世界でも親子の間で生まれる場合もあるし、自己犠牲をいとわない精神もそうかもしれません。

三つ目はフィリアという愛です。日本ではほとんどあまり知られていませんが、とても重要な愛です。フィリアは友だちの愛情、つまり友情です。職場の友だちとか学校の友だちとか、そういった友だちの間の愛なのです。

キリスト教の愛というと、もっぱらアガペーの愛だけでいわれることが多いのですが、じつは友情という愛もすごく重要なんですね。

## ロールモデルと自己愛の大切さ

**池上**　ふだんはキリスト教になじみがなかったりアガペーという言葉を知らない人でも、福祉や教育、医療などの場で自分の目の前のクライエント（あるいは利用者）のために自分ができる最善のことを考えながら取り組んでいる人たちは、実はアガペーの精神を実践しているということだと思います。

**佐藤**　そう思います。キリスト教のアガペー、いわゆる博愛主義というよりも、他人を自分と同じように愛することを意味します。博愛主義は短期間は続くが、長期間は続かない。ですから、大義名分というのは長くは続かないということにもなります。

博愛主義とは逆に、個別利益を得たいという気持ちも人にはあります。個別利益は長期間続きます。自分に利益があるのであれば、できるだけ長く続けたいと思うのは当然です。しかし、人は絶対についてこない。あいつだけが得をするという話に人がついてくるはずがありません。

この考え方を福祉の仕事にあてはめてみると、個別利益と博愛主義の連立方程式をつくって、両方をある程度満足させることが重要になってきます。これがアガペーの実践と私は考えます。

どういうことかというと、福祉の仕事は社会的弱者のケアをすることですから、博愛主義的な考えも必要です。一方で、仕事を長く続けるには知識や技術を高めていくための道筋、つまりキャリアパスが非常に重要だと私は思っています。

どの仕事でもそうですが、厳しい職場というのはあります。それがブラック企業だからなのか、そうではなくてスキルを身につけ経験を積むために厳しさが求められている職場なのかの違いは、私の理解では、五年上、一〇年上、一五年上、二〇年上という具合に五年刻みでロールモデルとなる先輩がいるか、いないかです。

あんな人になりたい、あんな技術があるといいなと思う先輩がいればブラック企業ではないし、あんなふうにはなりたくないと思うような先輩がズラッと並んでいたら、そこは限りなくブラックに近い職場だということになります。

つまり、ロールモデルのいる職場であれば、長い目で見てキャリアの構築ができる可能性があり、個別利益にも点数がついて、大義名分と何とかバランスして連立方程式が成り立つかもしれません。

キリスト教の話に戻すと、イエスは「自己愛を大切にしろ」とはいっていない。しかし、「隣人をあなた自身と同じように愛せ」といっている。ということは、裏返して考えると、自分自身をどう愛しているかわからない、自分を大切にしていない人は、自分以外の人を大切にして愛することもできない、といっているわけです。

児童養護施設で子どもたちのために一生懸命働いているけれども、もう体がもたない、体だけではなく、メンタルもこれ以上もたない状態だとします。それでも仕事を続けているとアドレナリンが出て、短時間はものすごく集中できる。しかし、それは自分の心と体の状態を無視しているわけです。

イエスは、そうした無私の愛は危ないということをいいたかったのではないかと思います。自分のことをちゃんと大切にして、自分の皮膚感覚というものを大切にするなかで人を愛することが大事だといいたかったのではないでしょうか。

第1章で説明したように、優れた牧師は共依存にならないようにして、ある線を越えたところで自分を守るためのバリアをつくってしまいます。私も大学の教師として教えていて、学生との距離関係を間違えてしまうことがあります。

私が、もう少し手を貸してあげたいなと思っていると、それに甘えて、自分で論文を書けなくなってしまう学生もいます。それに気づくと、すっと距離をおくようにしていますが、そういうむずかしさは、児童福祉の現場でもつねにあるのではないかなという気がするのです。

## エゴイズムのすすめ

**遠藤**　個別主義と博愛主義の連立方程式を解くのは簡単ではありませんね。相反する二つの考え方のバランスをどう取るかですが、やはりどうしても子どもたちのためにという思いが先に立ってしまう人が多いのではないですか。

**佐藤**　職員のみなさんのエゴイズムを大切にする必要があります。ここでいうエゴイズムというのは、先ほどいった自分を大切にし、自分の利益の極大化を優先することです。具体的にはキャリアパスを組み立てることもその一つなのです。

たとえば、何歳までに給料をこれくらいにしたいとか、資格をとるとか、あるいはいくつくらいでパートナーを見つけて子どもを何人育てるとか、そういうことを自由にノートに書き出して、人生のプランを立ててみることです。

そこからもう一歩進めて、自分だけのエゴではなく、少なくとも二人か三人くらいの現場の職員共通の思いとして行政や運営者側に改善してほしいことなどを要求することができれば、一人ひとりのエゴが共同性を持ちます。

自分だけのエゴイズムで、まわりの人の利益につながらないのであれば、それはよくないと思います。しかし、自分の利益でもあり、隣にいる人の利益でもあり、施設全体の利益につながるという要求だったら、たとえエゴイズムだといわれても、まったく気にする必要はありません。

**遠藤**　そうなれば、それはエゴイズムでなくなるということですね。

**佐藤**　そうです。仕事をオセロゲームにたとえてみると、最初はうまくいかず黒が多かったけれど必死にがんばって、最後に自分が白いチップを置くことによって全部白にひっくり返ったというのであれば、サクセスストーリーとしていうことはありません。

しかし逆に、一生懸命努力したけれども、最後に燃え尽きてしまい、全部黒になってしまうということもあるわけです。ですから、重要なのは、真っ黒になるようなオセロゲームにしないためにどうすべきか、ということです。

そもそも職員のモラル、つまり道徳性と志気の二つだけに過剰に依拠して仕事を進めるのは、持続可能なやり方とはいえず、長続きしません。

**池上**　そうですね、佐藤先生がいま言われた燃え尽きてしまって真っ黒になってしまってはいけない、このことを、ドナルド・W・ウィニコット（一八九六～一九七一）は「生き残ること survive」であると言っています。ウィニコットは、一九七〇年代のイギリスの子どもの居住型ケアで働く人たちのための講演で、こうした施設で働く人たちの最も大切な使命は、治療や癒しではなく、「生き残ること survive」である、あなたが生き残れば、その子どもは当然なるであろう人物に成長するチャンスが与えられるのです、と語りかけています。この言葉は、いまも日本の社会的養護の場で働く人を支える本質となる大切な言葉です。（ウィニコット「セラピーとしての居住型ケア」『愛情剝奪と非行』西村良二監訳、岩崎学術出版社、二〇〇五年所収）

## 完璧な仕事を求めてはいけない

**池上**　いまのお話に関連して少し具体的なお話をお聞きしたいと思います。心理相談の経験では、周囲とうまくコミュニケーションできない子どもも少なくありませんが、職員の方が疲弊してしまうというケースが少なくありません。こうしたケースについて、佐藤先生はどのようなことを考えますか。

**佐藤**　たとえば、児童養護施設で六〜七人の子どもが生活していたとする。そのうちの一人が極端にひねくれていてトラブルばかり起こしている。その子と向き合って徹底的にケアするとなると、職員の全エネルギーがその子に注がれることになります。そうすると、残りの五〜六人はまったくケアされない状態になる。そして、自分は捨てられてしまった、見捨てられているという気持ちを持ってしまいます。
その可能性があるので、あえて挑発的な表現をすると、冷たいように思われるかもしれませんが、最低限の職業的良心を守ったうえで、その問題を起こす子どもに過度のエネルギーを割くことを断念してしまっていいと思います。

**遠藤**　なかなか刺激的な発言ですが、とても大切な視点ですので、少し深めたいと思います。このような状況はトラブルの原因が何か、どこからきたかによっても対応は異なると思います。子どもは特定の職員に気に入られたいとか、好きだという感情を持つこともありますし、自分でもわからない感情に支配されてコントロールを失ってしまうこともあります。このような子どもとその他の子どもも含めて職員のかかわり方が問われるのでしょう。二葉学園の実践を見ていると、一つのグループホームは六人から七人の子どもたちと三人の職員で生活していますが、職員は前もって綿密に一人ひとりの子どもの状態を把握し、指導内容を確認し、共有しています。時として子どもが問題行動を起こして職員がいっぱいいっぱいになった時は、別の職員に阿吽《あうん》の呼吸でスイッチしています。もちろん交代制をとっていますので、一定時離れることもできます。このような場合、子どもとの関係性、二葉学園ではよく「距離感」という言葉を使っていますが、このあたりで専門性が発揮されるところではないかと思います。このことによって、安全と安心が担保された子どもの健康な生活を保障していくことができるのです。そして、より深められた関係性を作り上げることができるのではないでしょうか。そのために職員は率直によく話し合いをし、健康で持続的なチームプレイができるように努力していると思いました。

**池上**　手のかかる子どもだけにとらわれるのではなく、つねに全体を見渡し、生活集団にある子どもたちがもつ「まともさ」をあくまでも見失わない取り組みをしていくことが肝要ということですね。

**佐藤**　福祉の仕事が重要なのは、人の魂にふれる仕事だからです。しかし、そのために自分が完璧になろう、完璧な仕事をしようとすれば、その人は身も心も必ず擦り切れてしまいます。もしそうなってしまったら、子どもたち全員がケアされなくなってしまいます。

これは企業経営と同じだと思います。マルクス経済学では、資本家は労働者に必要最低限の賃金しか払わないことで富を増やしていく、つまり搾取する存在でした。しかし、搾取しない資本家は倒産した資本家だけです。倒産した資本家は労働者に賃金を払えないのですから、搾取する資本家にも劣る。

搾取しても賃金を払える資本家はまだましだと割り切って考えると、会社で擦り切れてしまうほど完璧な仕事をするには及ばないという発想になります。

むずかしい問題ですが、福祉の現場で仕事をする人にも、そういった〝冷たさ〟が必要になる局面があるかもしれません。

**池上**　児童養護施設など児童福祉の現場では自分のおさめきれない気持ちをさまざまな行動化で表現して職員を追いつめたり疲弊させてしまう子どももいます。

職員に対し、ほんとうに自分に向かい合ってくれるのか試すような行動を繰り返す子もいます。

ケアしようとする人間を攻撃するようになってしまうこともあります。

このような、相手が最後には拒絶してしまうようなかたちでしか人とかかわれない子どもと良好な関係を築いていくのは簡単ではありません。

イギリスの著名な精神科医のウィニコットは、近年、児童養護施設の関係者の間でよく知られるようになってきました。ウィニコットは児童精神科医であると同時に、日本でいうと保護司のような仕事もし、問題行動を頻回に起してしまう少年を自分の家庭であずかり、養育にたずさわることもしていました。

第二次世界大戦中、イギリスにおいても日本と同じく多くの疎開した子どもが生活する施設がありました。そうした子どもたちのうち九歳の子どもをウィニコットは自分の家庭であずかりました。その子の悪さや攻撃性は最初はずる休みという症状であらわれていましたが、次第にエスカレートし、問題行動を起した少年にウィニコットは「こういうことが起こると、それが私にあなたを憎ませることになる」と語りかけたことを「逆転移のなかの憎しみ」(一九四七)という論文のなかで述べています。ウィニコットは、養子になった子どもの例をあげて「自分が見つけた環境を徹底的にテストし始め、保護者に客観的に憎む能力があるかどうかについての証拠を探し始める〜(中略)〜彼が憎まれることに達してから、初めて愛されることを信じられるということのように思われる」と述べていますが、施設の職員や里親が体験させられる困難の本質がここにあります。

## 自分を見失わないように

**佐藤**　ほんとうに距離の取り方はむずかしいですね。最優先すべきは、子どもたちをケアする人がつぶれないようにすることです。そうなると、この仕事はイヤだといって投げ出してしまうことになります。

もう一つ考えられるのはアパシー（Apathy）です。簡単にいうと、感情を失くしてしまうのです。むずかしいかもしれませんが、ルーティーンはこなすけれども、子どもが何をやろうが怒りもせず、自分の感情を押し殺してしまうのです。

もっとも、これはアイデンティティの喪失につながるので、おすすめはしません。自分のキャパシティーを超えたなと思ったら、「休ませてください」でいいと思うんですよ。私にいわせると、福祉の現場にいる人は責任感が強すぎると思います。責任感が強すぎるために、結果として悲劇を生み出してしまうことがあるように思います。

**池上**　イギリスのウィルフレッド・ビオン（一八九七〜一九七九）という精神分析の精

神科医が、「精神療法をする人は必ず休みを取りなさい。治療した時間と同じくらい休みを取ることが治療者には必要です」といっています。

ビオンは第二次世界大戦のとき軍医として働くなかで、集団がどういう心理に陥りやすいか、目的がわからないとどんどん不安が広がって憶測集団になり、心のなかの迫害的な不安を解消すべく、他者や外に向かわせていくことを明らかにしました。

ビオンは、戦争の状況下で、集団が安定しているときは課題を科学的アプローチで遂行していくことができるけれども、先行の見えない不安に圧倒されると迫害的な不安の解消へと向かってしまう集団心性の特徴を明らかにしました。この知見は、いまのコロナ禍で生きる私たちにも深く示唆するものがあります。

**佐藤**　やはり重要なのは、自分の力ですべて解決できると思わないことです。神様といわなくてもいいのですが、仏様でもいいし、あるいは何らかのえにしみたいな考え方でもいいし、何か自分たちの力以外に大きな力というものがあるのだということを理解することが大事です。

理解するというより、感じとるといったほうが正確かもしれませんが、そうすることではじめて解決できる問題がたくさんあると思います。もし、それでもだめだったら、逃げてしまっていいのです。

私の大学（同志社大学神学部）の後輩で、北海道の児童自立支援施設の施設長を二十数年やって、いまは釧路《くしろ》の児童相談所で課長をしている人がいます。彼は児童自立支援施設に希望して入って異動を望まなかったため、いわゆる上級職の公務員としては出世が早いとはいえません。が、「この仕事をして幸せだった」といっています。

児童自立支援施設は非行少年などを指導、矯正して社会復帰させる施設ですが、一生懸命に誠意を持って当たれば、それにこたえてくれるという子どもたちだけではなく、何度も事件を起こす子もいれば、「先生のおかげです」といって旅立っていったけれども、それっきり連絡がないという子もいるそうです。

もちろん、「結婚しました」といって、子どもを連れて挨拶に来てくれる子もいるそうです。そういうふうに、きちんと更生して社会復帰できた子はどれくらいいるのかと聞くと、「一割弱くらいではないでしょうか」とのことでした。

それでも彼は、「この仕事をやっていてよかったと思うし、それくらいの歩留まりだったら、かなりいいほうなんですよ」といっていました。どんなに一生懸命にケアをしても、立ち直って連絡をくれるのは五人に一人くらいで、逆に暴言を吐かれたりすることも多い。それでも子どもたちの顔はすべて憶えているといいます。

彼は地方公務員であり、行政機関の一職員にすぎないのですが、逃げずに子どもたちと向きあっているわけです。でも、変に肩に力が入っていなくて、過剰な責任感のようなものは感じられませんでしたね。

## 「子どもを守る仕事」に求められるものとは？

**遠藤**　私は一九六一年に日本社会事業大学を卒業してから、かれこれ六〇年近く、ずっと福祉の仕事をしたり、教えたり、学んだりしてきました。

社会福祉の制度というのは本当に変わってきました。私が勉強を始めたころは社会福祉の法制はまだ福祉六法になっていませんでしたし、専門的な教科書も不十分でした。今出版されている社会福祉六法は二冊一組で一七センチくらいの厚さがありますからそれだけ福祉制度が整ってきたわけです。私はたまたまその変化の時期を生きてきました。

私は学生に教えるときに、「いまこういう制度が、こうなりました」という教え方はしなかったつもりです。「こういうふうに変わったのはこういう理由です」と必ずつけ加えました。それから、「この改正の条文はいまは覚えなくてもいいけれども、あなたたちがあと一〇年か二〇年たったときに責任ある立場になってその法律や条文を使う人間になった時、なぜこうなったかということを知っていてより良い運用をしてくださいね」と伝えたつもりです。

学生に教えていくなかでわかったのは、伝えたいことを自分でしっかり理解したうえで、相手に伝わるような言葉で話さないと、何が大事なのかということが相手の気持ちにしっかりと入っていかないということです。ですから、私も福祉制度の変化を一生懸命追い続け勉強してきたつもりです。

**池上**　福祉の現場で働く人間も、福祉制度を単に知識として知るだけではなく、その背景にある歴史や関係者の思いを知ることが大切ですね。

**遠藤**　そうですね。私は福祉を志す人間はなにごとも学び続けてほしいと思います。時が過ぎ、人びとの生活が変われば、人びとのニーズも変わります。それに対応するために制度が変わり、新しいサービスもできてくる。その制度を実践する福祉の担い手であれば、その一連の流れをしっかりとわかっていなければならないからです。

大事なのはニーズを感じ取る感性です。時として大切なニーズが潜在化していることもあるのです。福祉に携わる人は、新しいニーズに気づく感性を養い、たった一人の人のものであっても取り上げて解決の道筋を整えていくことを社会から託されています。その託されていることを誠実に努めていってこそ社会から尊敬される存在になるのだと思います。

私たちは弱い立場に置かれた一人ひとりの命と生活を託されているのですから、それに値するだけの仕事をしなければ尊敬されないと思うのです。お金のため、お給料のためだけに働く人は、社会から大事な仕事は託されないのではないでしょうか。

人びとが生活上で出会っている困難な問題に向きあい、持てる力を十分に発揮して解決にむけて努力し、社会正義の実現をめざして、自己研鑽を重ねて、人びととともに幸せな生活を築き上げるようにするのが福祉の仕事だと思います。

**佐藤**　福祉は制度がどんどん変わり、新しい考え方も次々と生まれてくるわけですから、月並みな言い方ですが、やはり勉強を続けることが大事です。それと同時に、これまでいろいろお話を聞いてきて、子どもを守る仕事をする人に求められているものは、一つは、子どもをありのままに受け入れて、子どもの代弁者になるということ、二つ目は、時代のニーズを感じ取る感性を養うこと、この二つだと思います。

**池上**　もう一つ、佐藤先生がおっしゃっていた、エゴイストになって生き残りキャリアパスを考える、もぜひ残しておきたいひとつです。

# 鼎談《ていだん》を終えて

遠藤久江

「若い時の苦労は買ってでもせよ」という日本のことわざがあります。これに似た格言は英語にもあります。Heavy work in youth is quiet in old age.（若い時の辛い仕事は老いての平安である）です。若さは可能性に満ちていて、力があります。その力とはさまざまなことを発見したり、体得したり、挑戦したりして知らなかったことを自分の中に取り込んでいく力であり、自分の中に未来を生きる力を創り上げていく力です。この若者の力が人間の歴史を紡いでいくのではないでしょうか。

一九四五年、日本は第二次世界大戦に敗戦し、国中が焦土となってしまいました。日本ばかりでなくアジアの国々の人びとにも多くの犠牲を強いてしまいました。いちばん悲惨なところは広島と、長崎でした。原子爆弾により致命的に破壊されたのです。ときどき放映されるシリアの戦場の映像は七五年前の日本の姿を彷彿《ほうふつ》とさせます。戦争による破壊では多くの命が失われ、住む家もなく、温かな食事もありません。しかし、七五年後の今日ではその痕跡を探すことも容易でないほど変貌しました。これは戦争を生き残った者たちもが、二度とそのようなことになってはいけないと勤勉、努力して日本の未来を描いて生きてきたからです。社会福祉の歩みもそのなかに見出すことができます。

戦後の新しい時代は新しい憲法のもと、基本的人権、自由権、平等権などが保障される社会をつくり、教育権はもとより、生存権や幸福追求権などが保障されて、それを日々の生活に反映できるようにさまざまな制度をつくり上げてきました。かつて社会福祉は何らかの生活上の困難に陥った人を救済する制度でしたが、社会が成熟し、教育はもとより、乳幼児の養育も高齢者の介護も社会化して、誰もが社会福祉のサービスが必要とするように、国民にとってなくてはならない制度になってきています。本書で語ってきたことは、とくに子どもの命と生活を守るための制度やそのあり方でした。

子どもは未来からの預かりものといわれますが、子どもたちの未来を想像する時、ここで三人で語り合ったことは私たちの努力が十分であったかどうかが問われることでもありました。このような課題に気づいたからには、目の前の子どもたちを大切に育て、自立への力を育て、平和を愛する者として導いていく努力を続けなければなりませんが、この働きは次世代の若者にも担ってもらわなければなりません。

二〇二〇年の年が明けて新型コロナウイルスの感染が世界を覆い尽くし、不安と恐怖におののき、身動きが取れない様相を呈しています。誰でもその犠牲になりかねない状況は敵対と排斥を増長させていくことでしょう。しかし、一方、国を超えて協力や連帯を育てようともしています。人びとの命と生活を守るということがどのような体制と、どのようなリーダーによって遂行されるのかをリアルタイムで知る機会でもあります。緊急事態は社会の構造的弱さを露見させ、何をどのように守らなければならないかが問われます。

これからの社会はグローバル化がますます進み、ＡＩ化が加速し、バーチャルな世界も広がりを見せてくるでしょう。また、ごく日常的にも地域や国を異にし、また歴史、文化、宗教を異にした方々と共生することになると思われます。われわれの願いは、このような違いのある人びととともに、安心と安全が守られ、お互いに協力しあいながら希望をもって暮らせることです。この違いを認めあい、受け止めあって、生きる喜びの共通項を見出す努力こそ、共生力を培うことになるのです。社会福祉の担い手はこのような力をつくり上げることに努力してきた集団です。不幸な成育により自立が阻まれて自分の居場所を見出せない人、社会から排斥され、差別される人、心身に障害をもって社会に適応できないで苦しんでいる人、老いを迎え社会の第一線から退いて孤独に生きる人などなど、これらの人びとの側に寄り添い、多くの課題の解決を支援し、共に生きる喜びと、共感できる力を培ってきたのが福祉の仕事です。この社会福祉の実践のなかで試行錯誤しながらも練り上げられた成果はこれからの社会にきっと大きく貢献すると思います。

ここまで三人で語りあったことは、まさにこの時代を生きる人びとがのりこえなければならない課題を子どもたちの未来を見据えて明らかにすることであったと思います。これらのことを若者に引き受けてもらわなければなりません。若者たちは大人たちがいつも大変なことを押し付けると感じるかもしれませんが、言葉を換えればそれは若者への大きな期待でもあるのです。これは人間の歴史の必然です。若者にはそれらをあえて受け止めて、向き合って、挑戦し続けてほしいと願うのです。若者たちの一歩前を歩んだ者として、未来を担う方々のために祈っています。

# おわりに

池上和子

二〇二〇年、新型コロナウィルス禍により、私たちは未知の経験に向かい合うことになった。命を守るためには外出の自粛という形で社会や他者との接触を極力控えることを余儀なくされ、同時にそれは心の生気が先行きの見えない不安や不確実さにより圧されていくという、遮断と希求という相反する引き裂かれるような体験でもあった。そして私たちは、人とつながる、人と触れ合うということについて、新たな形を模索し始めるようになった。

コロナ禍の長期化を覚悟せねばならなくなったいま、私たちはどのようにして感染から身を守りつつ、人とつながり、自分を見失わずに生きてゆくのか。人と社会、自分とをつなぐ新しいあり方を築いていく転換点に立たされている。それは自分を〝まもる（守るかつ護る）〟と同時に、人をも〝まもる〟ことでもある。いま、人を〝まもる〟というあり方をめぐり、根源的な問いが私たちに投げかけられている。

人を〝まもる〟とは、どういうことを意味するだろうか。まずは生命、身体的な命を守ることであろう。そして身体的な健康には、精神的な健康の支えが必要である。不確実さのなかにあっても心の穏やかさ、生き生きとして気持ちを保てる健やかさもまた、守られねばならないものである。そして経済活動という生活もまた、守られねばならないであろう。これらが包摂され、適切なバランスがとられる新たな考え方の枠組みを、私たちは模索しつつ築かねばならない課題に直面している。

そして、このような社会的な激変から、さらなる配慮で守られねばならないのが子どもである。

この新型コロナウィルス感染症の拡大と長期化は子どもたちに、私たち大人が体験したことのない生活の激変と緊迫を経験させてきている。三月初旬の突然の学校の休校、卒業式や入学式の中止、分散登校や夏休みの短縮など、子どもたちは唐突さや不確実さに揺らぎながら毎日の生活を重ねている。このような先行きの見えない不安定さと長期化する緊張感をともなう生活をおくる子どもたちが、その成長途上でどのような影響を受け、そのことを子どもたちはどのように体験することになるのか、それはまだ未知である。それゆえ、いまこそ、私たち大人が「子どもを守る」ということを、社会全体の問題として考えねばならないときである。

本書は「子どもを守る仕事」をテーマに、日本の戦後の復興期から今日まで長年、社会福祉の道を歩んできた遠藤久江氏のオーラルヒストリーを佐藤優氏と私による対話的聞き取りを基軸にしつつ、そこから投げかけられた現実と課題を検討した。今日のコロナ禍のように後には歴史的な事象となるような、だれもが時を同じくして体験する事柄が、一人ひとりどのように体験されるかにより独自性をもった物語になってゆく。いま日本の、そして世界の子どもたちはコロナ禍を渦中で経験しているが、その体験がどのような意味合いとなって心のなかにとどまってゆくのか、一人ひとり色彩の異なるものになってゆくのであろう。

従来は子どもを守るということは、ともすれば未成年の存在である子どもを大人が支える、あるいは親の養育が何らかの事情で十分でない場合にそれに代わり担う、いわゆる社会的養護という意味合いが強いものであった。しかし今日、コロナ禍にあって、子どもを守るということは、子どもが今後生きてゆく未来を守るということがきわめて重要であり、それは未来の社会を守るということにもつながるものである。すなわち、子どもを守る仕事は、社会を守る仕事でもある。日本の子どもの将来、すなわちコロナ後という新たな視座から、日本の社会において一人ひとりがより良く生きてゆくために必要なことはなにかを考えるきっかけになれば幸いである。

本書の企画から上梓《じょうし》に至るまで、筑摩書房編集部の永田士郎氏、フリーランス編集者かつライターの齋藤教則氏にたいへんお世話になりました。コロナ前に企画が生まれ、その途上はまさに感染の拡大と長期化のなかで手探りで進められてきました。ひとえにお二人の長年の経験に支えられて、刊行に至ることができ、心から御礼申し上げます。

池上和子

二〇二〇年　処暑

## ちくまプリマー新書

192
ソーシャルワーカーという仕事
宮本節子
ソーシャルワーカーってなにをしているの？　70年代から第一線で活躍してきたパイオニアが、自らの経験を迫力いっぱいで語り「人を助ける仕事」の醍醐味を伝授。

244
ふるさとを元気にする仕事
山崎亮
さびれる商店街、荒廃する里山、失われるつながり。転換期にあるふるさとを元気にするために、できることはなにか。「ふるさとの担い手」に贈る再生のヒント。

354
公務員という仕事
村木厚子
時に不祥事やミスなどから批判の対象になる公務員だが、地道に社会を支えつつ同時に変化を促す素晴らしい仕事だ。豊富な経験を元に、その醍醐味を伝える。

201
看護師という生き方
宮子あずさ
看護師という仕事は、働く人の人間性に強く働きかけ、特有の人生を歩ませる。長く勤めるほど味わいが増すこの仕事の魅力に職歴二六年の現役ナースが迫る。

## ちくまプリマー新書

249
### 生き物と向き合う仕事
田向健一

獣医学は元々、人類の健康と食を守るための学問だから、動物を救うことが真理ではない。臨床で出合った生き物たちを通じて考える命とは、病気とは、生きるとは？

146
### スポーツを仕事にする！
生島淳

選手以外にもこんな道が！　急増する大学のスポーツ関連学科や、急成長する職業の今をレポート。イチローのトレーナーやメダリストの広報などへのインタビューも。

272
### あなたのキャリアのつくり方
――ＮＰＯを手がかりに
浦坂純子

フルタイムで終身雇用はもう古い？　自由自在に自分らしいキャリアをつくれる道を知っておこう。ＮＰＯで働く選択肢の可能性と現実から探る、これからの働き方。

281
### これを知らずに働けますか？
――学生と考える、労働問題ソボクな疑問30
竹信三恵子

「バイトは休暇が取れない？」「どこまで働くと過労死する？」そんな学生の率直な疑問に答えます。仕事選び、賃金、労組、解雇など、働く人を守る基礎知識を大解説！

## ちくまプリマー新書

209 路地の教室
――部落差別を考える
上原善広
「路地（同和地区、被差別部落）って何？」「差別なんて今もあるの？」「同和教育、同和利権とは？」すべての疑問に答えます。部落問題を考える、はじめの一冊！

169 「しがらみ」を科学する
――高校生からの社会心理学入門
山岸俊男
社会とは、私たちの心が作り出す「しがらみ」だ。「空気」を生む社会そのものの構造を解き明かし、自由に生きる道を考える。ＫＹなんてこわくない！

351 「さみしさ」の力
――孤独と自立の心理学
榎本博明
自分の内面に目が向かう青年期。誰とも違う個別性の自覚とともに、痛切な「さみしさ」が生まれてくる。この感情の様相をとらえつつ、自立という問題を考察する。

336 ダイエット幻想
――やせること、愛されること
磯野真穂
モテたい、選ばれたい、認められたい……。ダイエットの動機は様々だけど、その強い思いで生きづらくなっていませんか？　食べると生きるをいま見つめなおそう！

chikuma primer shinsho

ちくまプリマー新書361
子《こ》どもを守《まも》る仕事《しごと》
二〇二〇年十月十日　初版第一刷発行

著者　佐藤優（さとう・まさる）／遠藤久江（えんどう・ひさえ）／池上和子（いけがみ・かずこ）

装幀　クラフト・エヴィング商會
発行者　喜入冬子
発行所　株式会社筑摩書房
東京都台東区蔵前二‐五‐三　〒一一一‐八七五五
電話番号　〇三‐五六八七‐二六〇一（代表）
印刷・製本　中央精版印刷株式会社
ISBN978-4-480-68388-5 C0236 Printed in Japan